MIEDO

CARE SANTOS

MIEDO

edebé

© Ed. Cast: Edebé, 2019
Paseo de San Juan Bosco, 62
08017 Barcelona
www.edebe.com

Atención al cliente: 902 44 44 41
contacta@edebe.net

Directora de Publicaciones: Reina Duarte
Editora de Literatura Juvenil: Elena Valencia
Diseño de la colección: Book & Look
Fotografía de cubierta: Shutterstock
Fotografía de la autora: Joan Cortadellas Huguet

3.ª edición

ISBN: 978-84-683-4113-2
Depósito legal: B. 720-2019
Impreso en España
Printed in Spain
EGS – Rosario 2 – Barcelona

—Y usted, ¿por qué no pide sus tres deseos? —preguntó Herbert White.
—Ya los he pedido —su rostro palideció.
—¿Y se cumplieron?
—Se cumplieron.
—¿Nadie más pidió nada?
—Sí, un hombre. No sé cuáles fueron los dos primeros. Su tercer deseo fue la muerte.

La pata de mono,
W. W. Jacobs

Según las estadísticas, cada cuarenta segundos se suicida alguien en alguna parte del mundo. Ochocientas mil personas al año, una tercera parte de las cuales tienen entre 15 y 29 años. El suicidio causa muchas más muertes que las guerras o los accidentes de tráfico. Aunque nadie lo dice. Nadie lo sabe.

Hay personas que no quieren hablar de ciertas cosas. El suicidio, por ejemplo. Prefieren fingir que no existe. Piensan que así podrán evitarlo, burlarlo, apartarlo de sus vidas. Se equivocan. La ignorancia de las cosas no nos libra de ellas. Solo nos lleva a cometer errores. El suicidio es, entre otras cosas, un gran error.

A veces, las personas que quieren suicidarse lo planean durante mucho tiempo. Otras, lo deciden en cuestión de segundos. A veces avisan. Otras, simplemente, lo hacen.

Estas son algunas de las causas más frecuentes: ruptura sentimental, problemas familiares, malos tratos, enfermedad, sensación de soledad, depresión... No es nada raro tener pensamientos suicidas: casi todo el mundo los ha tenido alguna vez. Aunque muy pocos lo han intentado. De estos, solo un diez por ciento lo consiguió. Entre los que fracasan, un uno por ciento volverá a intentarlo antes de un año.

Algunos suicidas burlan a las estadísticas. Su causa no es una de las más típicas, y ellos tampoco lo son. Tienen una vida normal, incluso fácil. Nunca antes se les había pasado por la cabeza la idea de quitarse la vida. Pero de pronto ocurre algo que lo cambia todo.

El miedo.

Miedo a vivir. Miedo a no soportar la vida. Miedo a tener que hacerlo. Miedo a no saber cómo. Miedo al miedo. Les da más miedo vivir que desaparecer para siempre.

Esta historia trata de una de esas personas.

Esta historia trata de alguien que no encaja en ninguna parte.

Contratiempo

Se acercaba Navidad y en las calles ya llevaban días brillando los adornos luminosos. Como cada tarde desde hacía cuatro meses, a las siete menos cuarto salí del metro en la plaza Kennedy y caminé sin prisas hacia la avenida de la zona alta donde vivía Hugo. Su edificio, de preciosa fachada modernista, estaba ahora cubierto de andamios: lo estaban restaurando.

Antes de entrar, le mandé un mensaje a Xenia: «¿Cómo va la tarde?». Me contestó enseguida: «Aburrida de estudiar bichos microscópicos».

A las siete menos cinco saludé al portero del bloque, quien, como todos los días, me abrió la puerta del ascensor y me preguntó si iba todo bien. Le dije que sí, como siempre. Ahora ya no me extrañaba su amabilidad, ni su uniforme, ni aquella perpetua sonrisa que tanto me habían asombrado la primera vez que le vi.

Dos minutos antes de las siete llamé al timbre del piso de Hugo. Al otro lado oí los pasos de Armando, el mayordomo. Se abrió la puerta y ahí estaba: con su uniforme, sus guantes blancos y su aire serio, como cada tarde.

—Buenas tardes, Éric. Pase —dijo, igual que siempre.

Después de varios meses aún no me había acostumbrado a que me tratara de usted. Se me hacía rarísimo. Una vez se lo dije. Le pedí por favor que me tuteara.

—Prefiero no hacer excepciones —fue su respuesta.

Mientras esperaba, como de costumbre, a que Jaime cerrara la puerta, pensé en lo raro que era haberse acostumbrado a todo aquello. La primera vez que entré en aquella casa no podía dejar de mirarlo todo como un mochuelo: los jarrones, los marcos dorados, las alfombras mullidas, los guantes blancos de Armando, su educación pasada de moda... Me pareció estar entrando en un museo o en una película. Un lugar donde la gente tiene mayordomo. Nada que ver con el barrio donde nací.

Eché a andar por el pasillo, hacia la habitación de Hugo. Últimamente, Hugo prefería recibirme en su cuarto. Decía que era como su castillo, su reducto, el único lugar donde se sentía bien. Yo creo que también era el único lugar donde lograba escapar un poco de la opresiva presencia de sus padres y donde lo tenía todo bajo control. Pero aquel día era diferente. Aquel día Armando tenía algo que decirme.

—Hoy pasaremos a la biblioteca —dijo, adelantándome por el pasillo y poniendo rumbo a las dos grandes puertas oscuras por las que se accedía a mi habitación favorita de la casa.

La biblioteca era una estancia bastante grande, sin luz natural, cuyas cuatro paredes estaban completamente forradas de libros. Debía de haber miles. También dos sofás de piel oscura, una mesita, una alfombra con dibujos geométricos y una lámpara. Fue allí donde mantuve mi primera entrevista con Adela y Jaime, los padres de Hugo, antes de que me dieran el trabajo.

Armando me invitó a pasar. Nada me parecía raro aún, aunque lo era. Después de tantas semanas acudiendo a aquella casa cada tarde, sin faltar ni una sola, ya sabía que a veces los padres de Hugo tenían ocurrencias extrañas. Pensé que se trataba de una de sus entrevistas por sorpresa. Tal vez les interesaba saber si encontraba a su hijo más animado, más optimista. O tal vez tenían algo que decirme. En esas entrevistas solían mostrarse muy agradecidos conmigo, por «hacer el esfuerzo de ser amigo de Hugo», decían. Yo siempre respondí lo mismo: no era ningún esfuerzo, por mucho que su hijo a veces tuviera un carácter insoportable. «Lo único que Hugo necesita es tiempo», repetí varias veces. Entonces sonreían, amables, tristes, y me preguntaban si creía que con el paso de los años Hugo podría llegar a ser la sombra de lo que era antes de... Aquí se interrumpían, se miraban con tristeza, callaban. En aquella casa los silencios eran una compañía habitual.

Hugo es ciego. Cuando empecé a leer para él, tenía diecisiete años y era la persona más infeliz que he conocido. También la más desagradable. Su vida se dividía en días bordes y días silenciosos. Los días bordes estaba cabreado con todo: con las circunstancias, con la gente, consigo mismo, con sus padres... Se ponía imposible, fingía no darse cuenta de lo mucho que sus palabras ofendían a los demás. Los días silenciosos no articulaba sonido. Contestaba a todo encogiéndose de hombros, no demostraba interés por nada en absoluto, más que por encerrarse en sí mismo y maldecir a toda la humanidad.

Yo le comprendía.

Un par de veces les dije a Adela y Jaime lo que pensaba: que Hugo, como todo el mundo, necesitaba libertad. A los diecisiete años no puedes depender de tus padres para todo o te vuelves loco. Le hacía falta ganar confianza, valerse por sí mismo, encontrar otras cosas que hacer, lanzarse a la aventura, conocer a otras personas, tal vez practicar algún deporte. Me había informado de algunas cosas y estaba dispuesto a contárselas, pero nunca me dieron la oportunidad. Se limitaban a sonreír con aquella tristeza infinita y a decir: «Gracias por tu interés, Éric, pero no puede ser. Hugo nunca más podrá volver a tener una vida normal y todos debemos asumirlo».

Nadie puede vivir privado por completo de libertad. Menos aún después de haber conocido la libertad absoluta.

Pero volvamos a la tarde cercana a Navidad en que Armando, el mayordomo, me hizo pasar a la biblioteca y cerró la puerta. Me sorprendió encontrar la estancia desierta y a oscuras. Él encendió una luz y se quedó de pie, muy rígido, en mitad del dibujo geométrico de la alfombra.

—Ha habido un contratiempo —dijo, formal como siempre, y esperó mi reacción. Como no llegó, porque era imposible imaginar nada con tan poca información, prosiguió—: Hoy no es necesario que se quede, Éric. Hugo no está en casa. Hoy no habrá sesión de lectura.

Por supuesto, me extrañó. No fallar ni un solo día fue una de las condiciones que me impusieron los padres de Hugo al contratarme. Antes de que yo pudiera contestar nada, o mostrar mi asombro, el mayordomo prosiguió:

—Por supuesto, se le pagará el día de hoy.

No era el dinero lo que me preocupaba.

—¿Qué ha pasado? —le interrumpí.

Frunció los labios. Estaba claro que no le gustaba la idea de darme explicaciones. Le miré fijamente. Él apartó la mirada y dijo:

—Ha ocurrido un accidente.

—¿Un accidente? ¿A Hugo? —asintió lentamente con la cabeza—. ¿De qué tipo?

—No puedo facilitarle esa información.

—¿Dónde está?

—En el hospital.

—¿En cuál? ¿Puedo ir a verle?

—No dispongo de esa información. Además, los señores no creen oportuno que reciba visitas, de momento.

—¿Y Hugo qué opina?

—Me temo que lo que opine Hugo no es relevante, en este caso.

«Claro, como de costumbre», pensé, sintiendo una tristeza y una rabia enormes. Recordé la tarde anterior. Le leí a Hugo ocho capítulos, y los comentamos. Parecía tener más ganas de hablar que de costumbre. Cuando me marché, nos despedimos «hasta mañana». Él me estrechó la mano. Nunca hasta entonces lo había hecho. Me pareció una buena señal, un pequeño avance. Y justo unas horas después había ocurrido algo que parecía grave. A veces la vida tiene un sentido del humor muy desconcertante.

—Está bien —me resigné—. Volveré mañana.

—Mañana tampoco habrá sesión de lectura —dijo el mayordomo, entregándome el sobre con mi paga semanal, idéntico al de todos los viernes—. Los señores me han pedido que le dé esto. Y que le comunique que, por el momento, no es necesario que venga.

Creo que fue en ese momento cuando me di cuenta de la gravedad de lo que estaba ocurriendo.

—¿Hasta cuándo? —pregunté.

—Lo mejor será que hable con el señor Jaime o con la señora Adela —prosiguió—. Ellos le llamarán, cuando lo crean oportuno. Estoy seguro de que le darán instrucciones en ese sentido. Por supuesto, me han pedido que le diga que tendrá su retribución disponible todas las semanas. Solo tiene que pasar por aquí los viernes y yo mismo se lo...

Armando hablaba con un tono neutro, profesional, carente de toda emoción. Me pregunté cómo lo conseguía.

—¿No puede decirme a qué hospital lo han llevado? —le interrumpí.

—Aunque lo supiera, no creo que pudiera decírselo.

Salimos de la biblioteca en silencio. Él se entretuvo en apagar la luz y cerrar la puerta, mientras yo esperaba, perdido en mis propios pensamientos. Me maravillaba su aplomo, su serenidad. A veces me preguntaba qué clase de sentimientos tenía aquel hombre, y cuándo, con quién, en qué circunstancias los mostraba.

Recorrimos el pasillo hasta el recibidor. Me despidió con las mismas palabras de cada día, aunque sonaron mucho más inciertas:

—Hasta la próxima, Éric.

No esperé ni a entrar en el ascensor para llamar a Hugo. Estaba muy preocupado.

Una voz metálica me informó de que su móvil estaba apagado o fuera de cobertura.

Es decir, fuera del mundo.

Monstruo

A veces lo que ocurre ilumina los recuerdos y otorga un sentido nuevo al pasado.

De pronto recordé algo.

La tarde anterior al «contratiempo» a que se había referido el mayordomo, Hugo me interrumpió mientras leía.

—¿No te aburres? —preguntó.

—¿De qué? ¿De leer?

—No. Del monstruo de la casa.

Leíamos *Frankenstein*. Estábamos acabando el capítulo en que el monstruo termina de contar su historia. Ha jurado varias veces vengarse de toda la humanidad. Se siente solo y horrible. No hay esperanza para él. A Hugo y a mí nos caía bien.

—¿Se supone que el monstruo de la casa eres tú? —pregunté.

Hugo sonrió a medias.

—¿No te gustaría buscarte otro trabajo? ¿Un trabajo normal? —preguntó.

—Ya tengo uno, gracias.

—Tienes un trabajo de mierda con un ciego de mierda.

—¿Sabes de lo único que me aburro? De tu mal humor. Y de que no hagas nada por cambiarlo.

—Igual pronto hago algo.

—¿Me lo cuentas?

—Te asustarías.

—¿En serio? Soy difícil de asustar.

—Igualmente, prefiero sorprenderte.

—Vale. Si necesitas ayuda...

—Gracias, puedo solo.

Me dejó intrigado, pero supongo que no le tomé muy en serio.

Tal vez me estaba avisando de algo.

Tal vez fui más ciego que él.

Llamadas

Decidí volver andando a casa. No está nada cerca, pero caminar me ayuda a ordenar las ideas. También aproveché para hacer algunas llamadas. Volví a llamar a Hugo, y de nuevo la voz metalizada me informó de que estaba lejos, en algún lugar que yo no podía imaginar. Ojalá hubiera podido hacer algo. Hablar con él, no sé, o con Jaime y Adela (no tenía sus números). Me habría gustado no estar al margen de todo aquello, fuera lo que fuera.

Tenía ganas de contárselo a Xenia, pero no podía. Cuando unos pocos meses antes comenzamos a salir en serio, su madre me pidió que en épocas de exámenes dejáramos de vernos. También que no la distrajera con mensajes ni llamadas. «Si la quieres, déjala estudiar», me dijo; «esta carrera es muy importante para ella». La carrera era Medicina, con la que Xenia había soñado desde niña.

Los primeros semestrales eran una prueba de fuego para ella. Le daba mucho miedo no ser capaz de aprobarlos y tener que abandonar. Combatía los nervios estudiando a todas horas. Los dos sabíamos que el esfuerzo merecería la pena.

Las cosas habían cambiado mucho desde que nos conocimos, en la sala de visitas del centro de menores. Cuando tu vida cambia, tienes que saber cambiar con ella.

Hablando de cambios. Uno de los más grandes de mi vida era tener un lugar propio donde vivir. El día que Alberto, mi abogado, me acompañó a firmar el contrato, no me lo podía creer: un piso en el barrio de Sants, cerca de la estación, nada del otro mundo, pero ¡mío! Eso lo convertía en un lugar maravilloso. Lo compré tras vender el piso de la calle del Profeta, el que Ben quería que fuera para mí, pero donde nunca llegué a vivir.

Hubo varias razones por las que decidí venderlo, y es posible que todas parezcan increíbles, pero cuando te has pasado la infancia rodeado de gente sin escrúpulos, puede ocurrirte cualquier cosa. Por ejemplo, que alguien se te adelante, ocupe tu casa, la utilice como piso franco para vender droga y termine muriendo desangrado en la bañera, como un cerdo, por gentileza del clan de los Medina. En mi barrio, no puedes tocar droga sin cabrear a algún Medina. Y exactamente eso le ocurrió a Kevin, que además de gordo —todos le conocíamos como Bola de Grasa— era un imbécil y un traidor. Si Ben lo hubiera sospechado, las cosas habrían sido muy diferentes para todos.

Vendí mi piso porque no quería acordarme de Kevin cada vez que necesitara ducharme. Con ayuda de Alberto fue más fácil de lo que creía. Preferí no gastarme todo el dinero; por eso busqué un sitio pequeño, sencillo, en un barrio normal. Un piso de una sola habitación, con un salón diminuto que daba al patio de un vecino y una cocina que se caía de vieja. Necesitaba una mano de pintura y varias reparaciones, pero nada de eso me importó. He vivido en sitios mucho peores (incluida la prisión de menores donde pasé cuatro años de mi vida) y he aprendido a ser feliz con lo estrictamente necesario. Con menos, incluso. En realidad, las personas necesitamos muy pocas cosas.

El problema es que siempre queremos lo que no necesitamos.

—¿Has pensado ya qué es lo primero que vas a hacer? ¿Vas a dar una fiesta de inauguración o algo? —me preguntó Alberto en el despacho del notario donde terminaban de entregarme las llaves de mi piso nuevo.

Sonreí como si lo estuviera pensando.

En realidad, cuando un rato después llegué a casa, cerré la puerta, caminé despacio por el pasillo hasta el salón, me senté en el suelo junto a la ventana y me eché a llorar.

Escribiendo...

«¿No te olvidarás de mí si no nos vemos y apenas hablamos?», le pregunté a Xenia en un mensaje.

Contestó rápido: «No, porque eres mi organismo pluricelular favorito».

«En serio».

«Solo el amor pequeño muere con la distancia. Yo no te olvidaría ni que pasara cien años sin verte».

Añadió el emoticono de un corazón rosado.

«Yo a ti tampoco».

«Lo sé».

Y como para subrayar sus palabras, añadió más corazones. Ocho, en fila, de todos los colores.

Silla

Los padres de Hugo me pusieron solo dos condiciones cuando me dieron el trabajo: que no faltara ni un solo día y que, pasara lo que pasara, no lo dejara antes de un año. No me dijeron nada de pensar en lo mejor para Hugo, o de tratar de ayudarle. Eso fue cosa mía. Aunque no tuvo mucho éxito.

Hugo se movía por su casa en una silla de ruedas. Ni siquiera la accionaba él, sino que normalmente era Armando quien la empujaba. Lo llevaba a todas partes, como si fuera un bebé. Si cuando estábamos leyendo sentía ganas de ir al baño, pulsaba un timbre que había sobre su escritorio. Al instante aparecía Armando y le llevaba en la silla hasta el baño más grande de la casa, que sus padres habían reformado para él. Le dejaba dentro y cerraba la puerta. Hugo se levantaba entonces de la silla, hacía sus necesidades y volvía a sentarse.

Llamaba de nuevo a Armando y este le devolvía a su habitación, donde yo le esperaba para seguir leyendo.

Un día le pregunté por qué no iba al baño solo.

—¿Qué?

—¿Por qué no caminas por el pasillo? Seguro que conoces la ruta de memoria. Y tus piernas funcionan perfectamente.

—A mis padres les daría un ataque —contestó—. No lo soportan.

—¿Qué no soportan? ¿Tener un hijo ciego?

—No. Que me comporte como un ciego.

Esperé a la próxima ocasión que necesitó ir al baño y detuve su mano antes de que apretara el timbre.

—Yo te acompañaré —le dije—. Te agarras a mí y te guío hasta el baño.

—Ya —sonrió con picardía—, ¿y luego haces puntería por mí?

Se levantó. Era un poco más alto que yo y de complexión bastante más fuerte. Tenía la musculatura de los brazos y las piernas muy desarrollada, como la de alguien que ha practicado mucho deporte. Fuimos así hasta el cuarto de baño. Le esperé en la puerta. Él se tomó su tiempo. No había terminado aún, cuando apareció Adela.

—¿Qué haces aquí? —me preguntó.

—Estoy esperando a Hugo. Ha venido caminando hasta aquí.

—¿Caminando? —se extrañó tanto como si le hubiera dicho que había ido deslizándose por el techo—, ¿por qué no ha llamado a Armando?

—Queríamos probar si podía solo —le dije, muy satisfecho— y lo ha hecho muy bien.

—Dile que no se mueva de ahí —dijo, en tono de emergencia—, enseguida le pido a Armando que traiga la silla —y se volvió hacia mí, enfadada, para añadir—: Y, por favor, Éric, no hagas más inventos de este tipo. Limítate a hacer tu trabajo, que es leer. Para eso te pagamos.

Pizza

Acababa de llegar a casa cuando sonó el teléfono. No conocía el número, pero contesté, por si era Hugo.

—Hola, Éric, tío, ¿cómo te va? —me preguntó una voz que me resultaba familiar y, como yo no reaccioné enseguida, prosiguió—: ¿Qué pasa, tío? ¿Ya no te acuerdas de mí? Te dije que te llamaría en cuanto saliera del trullo para que me invitaras a...

—¡Omar! —le reconocí—. ¿Cómo has conseguido mi número?

—Me lo ha pasado Carlos. Por cierto, dice que a ver si le llamas.

Carlos. El director del centro de menores donde pasé cuatro años de mi vida. Un tipo duro, un poco despistado, muy legal. Le dije que iría a verle y aún no lo había hecho. Lo apunté en mi lista mental de cosas pendientes.

Omar no esperó a que fuera yo quien rompiera el silencio. Estaba eufórico:

—He salido, tío. ¿Me invitas a esa pizza o no?

Yo no recordaba haberle dicho que le invitaría a nada. Pero me apetecía verle.

—¿Hoy? —pregunté.

—Bueno, también puede ser el año que viene, colega. Pero igual ya me he muerto.

Me pareció que había algo de decepción en su voz. No me gusta fallar a los amigos. Por eso le dije:

—Vale. Ven a mi casa.

—Mola. ¿Calle del Profeta?

—No, no —me sorprendió su buena memoria—. Ahora vivo en Sants.

—¿Y eso?

—Luego te cuento. Te mando la dirección en un mensaje.

Omar tardó casi una hora en llegar. Tenía buen aspecto. Estaba igual de alto y desgarbado, pero se había teñido el pelo de verde. Llevaba una gorra con la visera hacia atrás, unos pantalones de chándal dos tallas más grandes, un collar de oro y una camiseta de la NBA.

Parecía un rapero. Me dio un abrazo, miró alrededor y dijo:

—¿Te han robado los muebles o qué?

En mi piso solo había una silla y un colchón. No era mucho, la verdad, pero a mí me bastaba, de momento. La silla la encontré junto a un contenedor cerca de casa de Hugo. La puse en el salón, donde algún día esperaba tener una mesa, un sofá, una tele y todas esas cosas que la gente normal tiene en el salón. El colchón (un regalo del padre Sam, junto con las mantas y la almohada) estaba en la única habitación, que ahora era mi cuarto. Era alucinante que aquellas cosas también fueran mías. Si nunca has tenido nada, una silla vieja te parece un tesoro.

Pedimos una pizza familiar de atún (Omar no prueba el cerdo) y un par de cervezas sin alcohol (Omar tampoco bebe alcohol), y cenamos sentados sobre las baldosas del salón, como si estuviéramos de campamento.

—Bueno, tío, ¿sigues con tu novia? ¿Cómo se llamaba?

—Xenia.

—¿No me la vas a presentar?

—Estos días no nos vemos. Tiene que estudiar, se acercan los exámenes.

Enarcó las cejas.

—¿No la ves cuando tiene que estudiar?

—Exacto.

—Ten cuidado, a ver si te la van a robar.

—No creo —reí la ocurrencia.

—A las chicas hay que controlarlas, tío —dijo.

—No lo creo —dije, aunque sabía que no le iba a hacer cambiar de opinión.

Se encogió de hombros.

—Como quieras, colega. Yo te aviso.

Esperaba que Omar tardara tiempo en echarse novia, porque los dos iban a pasarlo fatal. Querer tener el control sobre otra persona es una mala manera de empezar una relación.

—Yo también estoy estudiando —le conté—. Segundo de bachillerato. El año que viene iré a la universidad.

Abrió un par de ojos atónitos. Estaba tan sorprendido como si acabara de decirle que me iba a cambiar de sexo.

—¿En serio? ¿Qué quieres estudiar?

—Literatura.

—Ah —puso cara de no comprender absolutamente nada.

Le expliqué:

—Quiero ser escritor. —Hizo un gesto con la mano, animándome a seguir, a contarle qué era aquello tan misterioso que pretendía hacer con mi vida. Lo hice—: Voy a escribir una novela.

—Pues vale, tío —concluyó, como si aprobara mi idea—. Si vales para eso, adelante. A ti te gusta escribir y a mí, mangar cosas. ¡Cada uno a lo suyo! —Se zampó una porción de pizza en dos bocados, mientras rumiaba todo lo que acababa de contarle, y preguntó—: Oye, ¿y no trabajas?

—Soy lector por horas —le dije.

Abrió otra vez los ojos al máximo.

—¿Eres qué?

Le conté que mi trabajo consistía en leer en voz alta para que otra persona pudiera escucharme.

—¿Y te pagan por hacer eso? —preguntó.

—Más de lo que esperaba.

—¿Y qué lees?

—Novelas.

Omar rumiaba. Creo que todo aquello era lo más raro que había oído en su vida.

—Y esa persona que te escucha mientras lees... ¿quién es? ¿Una ancianita aburrida?

—Qué va. Un chaval de diecisiete años.

Sus cejas subieron otra vez.

—¿Y qué le pasa? —quiso saber—. ¿Tiene demasiada pasta para leer él solito? ¿O le gusta tener esclavos?

—Se ha quedado ciego.

Se puso serio:

—Vaya, qué putada. ¿Qué le pasó?

Omar no paraba de hacer preguntas. En eso no había cambiado nada.

—Tuvo un accidente de moto. Aunque no me enteré por él. Me lo contó Armando.

—¿Quién es ese Armando?

—El mayordomo.

—¿Mayordomo? —otra vez los ojos como platos—. Vaya, ya veo que esa gente tiene pasta de verdad.

No contesté. En parte porque no era de mi incumbencia y en parte porque en ese momento sonó el móvil de Omar, él miró la pantalla, se levantó del suelo y salió al balcón para hablar, aunque hacía un frío que pelaba. Entendí que era una conversación privada. Estuvo más de diez minutos fuera, susurrando cosas al teléfono, como si temiera que alguien pudiera oírle. Cuando regresó, siguió nuestra charla por el punto en que la habíamos dejado.

—¿Y de un accidente de moto te puedes quedar ciego? ¿Del susto o qué?

—Tuvo un doble desprendimiento de retina. —Puso cara de asco, o de impresión o de qué se yo. Creí que debía aclarárselo—: La retina sirve para enfocar. Está en la parte de atrás del ojo. Puede desgarrarse si te das un golpe muy fuerte. Y si se desgarra, no hay repuestos.

—Qué putada —repitió.

—Sí.

—¿Y no tiene remedio?

—No.

—¿Aunque le pagues toda la pasta del mundo al mejor médico del mundo?

Negué con la cabeza. Omar es de ese tipo de personas que no concibe que haya cosas que el dinero no puede solucionar.

Mi colega me preguntó también por mi familia, quiso saber si tenía alguna relación con mi barrio, si lo echaba de menos... Le conté algunas cosas de mi ajetreada vida reciente: le hablé de Kevin, de su muerte horrible en la bañera de mi cuarto de baño, de la condena de Horacio Medina por tráfico de estupefacientes (no le dije que yo colaboré a detenerle ni tampoco que desde entonces colaboro con la policía), de Xenia... Omar me escuchaba con atención. Las historias de mi barrio siempre le habían interesado; decía que se parecía a una serie que él veía de pequeño, *Los Soprano*.

A eso de la una de la madrugada recibió otra llamada. Esta vez no salió al balcón. Contestó, escuchó algo con atención y dijo: «Recibido», y colgó. No me dio ninguna explicación. Seguimos charlando como si tal cosa hasta que se nos hizo tarde. Eran más de las dos cuando soltó un bostezo muy ruidoso y preguntó:

—Es tarde, tío, no te importa si me quedo a dormir, ¿verdad?

No me importaba en absoluto.

—Vale, pero tendrás que tumbarte en el suelo —le dije.

—No será la primera vez —rio.

La verdad es que estuvo bien la visita de Omar. Por lo menos, durante un rato dejé de darles vueltas a mis problemas. Cuando me metí en la cama, cerca de las tres, me di cuenta de que había hablado mucho más de lo que suele ser normal para mí. También reparé en que Omar no me había contado casi nada de sí mismo. No había mencionado nada de su vida, de su familia, de sus amigos, de sus planes.

Recordé algo que Ben siempre decía. «No te fíes nunca de las personas que hacen muchas preguntas y no cuentan nada».

Omar y yo compartimos celda durante cuatro meses. Cuatro meses oyéndonos roncar y viendo cómo el otro se sentaba en el váter. Ese tipo de intimidad crea vínculos. Aprendimos a respetar cada uno el terreno del otro. Respeto: esa es la primera ley de la cárcel. Y las leyes de la cárcel no se olvidan nunca.

Aparté de mi cabeza la frase de Ben. No quería desconfiar de Omar. Éramos colegas. Él nunca me traicionaría.

Omar

Omar era buen tío. Estaba colgado, pero era buen tío.

Cuando nos conocimos, él pagaba por un delito de robo y otro de lesiones. Formaba parte de una banda dedicada a desvalijar pisos. Todos los miembros de la banda eran de su familia: su tío (el cabecilla), su padre, su hermano, sus primos... Él era el más joven y el único menor de edad. La noche que le pillaron estaban robando en una masía de Girona. Omar estaba terminando de vaciar un cajón de cubiertos de plata dentro de su mochila cuando escuchó algo tras él. Se giró y tropezó con la mirada iracunda del dueño de la casa, un anciano de ochenta años con un bate de béisbol en la mano.

—¿Puedes creer que haya gente que duerme con un bate de béisbol debajo de la almohada, colega? —solía decir, cuando contaba sus andanzas por el mundo.

Él solo quería marcharse de allí, pero el viejo se interpuso en su camino. Tuvo que empujarlo. Igual se le fue un poco la mano, reconocía. Le derribó, pero él decía que fue sin querer. El viejo se golpeó con la pata de un mueble horroroso que había en el pasillo. Se rompió las dos clavículas. A Omar le cayeron siete meses de cárcel. De toda la banda, solo le detuvieron a él.

Cuando su tío lo supo, le dijo: «Mejor tú que yo, chaval. No te preocupes, te guardaremos tu parte».

Frankenstein

La idea de leerle *Frankenstein* a Hugo fue de Elena. Elena es bibliotecaria y es mi amiga. Una persona que siempre me ha ayudado. Una auténtica enciclopedia andante. No se equivoca nunca cuando recomienda un libro.

Le conté que a veces Hugo se comparaba con un monstruo.

—¡Entonces tienes que leerle la mejor y más famosa historia de monstruos que se ha escrito jamás! —dijo ella, entusiasmada, y yo la miré sin comprender nada—. ¡Tenéis que conocer al monstruo de Frankenstein! Os va a encantar.

Me contó que la autora del libro tenía solo dieciocho años cuando lo escribió y que nadie la tomó en serio, porque era muy joven y porque era una chica. Todo el mundo creyó que lo había escrito su marido, que por aquel entonces ya era un poeta famoso.

Pocos días después comencé a leerle *Frankenstein* a Hugo. Nos gustó desde el principio, desde la primera aparición fantasmagórica del monstruo, en medio de un paisaje helado y remoto.

Un día él susurró:

—Me cae bien el monstruo. Somos iguales. —Yo iba a protestar cuando él continuó—: Ni siquiera nuestros padres nos aceptan como somos.

No pude contestar. Pensé que tenía razón.

Tras el accidente de Hugo, tuvimos que dejar a medias la historia de Victor Frankenstein y su atormentada criatura. Fue una lástima.

Mary

Mary Shelley se escapó de casa a los dieciséis años para emprender un viaje por Europa con el amor de su vida, el poeta Percy Bysshe Shelley. Después de un par de años muy ajetreados, se instalaron en Suiza. Durante el verano de 1816 alquilaron una casa junto al lago de Ginebra, muy cerca de donde pasaba el verano otro poeta, muy amigo de la pareja, el riquísimo y extravagante Lord Byron. Habían planeado pasar las vacaciones navegando y paseando al aire libre, pero hizo muy mal tiempo. La lluvia y el frío les obligó a cambiar de planes, y se refugiaron en casa de Byron, la más espaciosa. El lugar se llamaba Villa Diodati y era una lujosa mansión a orillas del agua.

Fue en esa casa donde, durante una tertulia nocturna, a Byron se le ocurrió una magnífica idea: «¿Y si escribimos cada uno una historia de fantasmas?».

Todos aceptaron el reto. Mary pasó varias noches buscando ideas para su relato, sin que se le ocurriera nada. Ella se consideraba escritora y era hija de escritores. Por eso sabía que, cuanto más persigues una idea, más escurridiza resulta. Empezaba a angustiarse cuando una noche escuchó una conversación entre su marido y Byron acerca de algunos avances técnicos del momento. Hablaban de las teorías de Darwin y de la reanimación de la materia. ¿Era posible devolver la vida a los seres inertes? En aquella época, muchos científicos se lo preguntaban. Decían que en su laboratorio Darwin había conseguido inocular vida a un fideo para que se moviera como un gusano.

Aquella noche Mary tuvo pesadillas con eso. Vio a una horrible criatura formada por fragmentos de cadáveres a quien un científico hacía regresar a la vida. Sintió mucho miedo. Cuando despertó, supo que por fin tenía una buena historia que contar. Había nacido el monstruo de *Frankenstein*. Y gracias a ello, su autora había dado el primer paso hacia la inmortalidad.

Mary Shelley contó todo esto en el prólogo de su famosa novela. No todas las ediciones lo recogen, pero, por suerte, estaba en la que Elena me prestó. Creo que a Hugo le impresionó tanto como a mí imaginar a una chica de nuestra edad inventando a uno de los monstruos más famosos de todos los tiempos.

—Qué curioso, ¿verdad? —comenté—. Y todo porque hacía mal tiempo. A veces las desgracias se convierten en una suerte. Todo depende de cómo te las tomes, ¿no crees?

Hugo era muy listo. Adivinó lo que pretendía antes siquiera de que comenzara a decírselo.

—Venga, tío, no empieces. Mis padres te pagan por leer, no para que juegues a los psicólogos.

Pasé la página y comencé a leer la historia del monstruo, que arrancaba entre hielos perpetuos.

Secretos

Hugo mentía, a veces.

Por ejemplo, al hablar de su ceguera.

Decía que fue culpa de una enfermedad que le diagnosticaron de niño. Lo contaba tan bien, con tantos detalles, que parecía verdad. Yo me lo tragué.

También mentía al hablar de la chica rubia de la foto.

Nunca pronunciaba su nombre. Nunca mencionaba que fue su novia. Nunca revelaba qué relación había entre ella y el accidente. Nunca confesaba que seguía enamorado de ella a pesar de que ella le había roto el corazón.

Tardé mucho en reconstruir toda la historia. La chica, la moto, el accidente, los silencios...

Comprendí entonces por qué Hugo callaba, y también por qué mentía.

A veces, callar es un modo de protegerse.

A veces, lo que ocultamos revela de nosotros mucho más que lo que decimos.

Ojalá

Tenía un mensaje de Xenia, enviado poco después de medianoche, que decía: «¿Qué haces?».

Contesté: «He estado charlando con un amigo. Ya te contaré». Me sorprendió que aún siguiera despierta. Eran casi las tres.

Escribió: «¿Estás bien?».

Xenia nunca ha necesitado verme para saber que me ocurre algo. Es como si pudiera leer mi alma.

Contesté: «Estoy bien. ¿Y tú? ¿Todavía estudiando?».

«No, ya en la cama. Tengo un sueño...».

Podía imaginar el brillo de la pantalla reflejado en sus ojos. Su sonrisa preciosa. Pregunté: «¿Muy cansada?».

«Sí. Y con ganas locas de verte».

Escribí: «Yo también. Te echo de menos».

Y ella: «¿A quién se le ocurriría la brillante idea de programar todos los exámenes después de Navidad? ¡No hay derecho!».

Y yo: «A alguien que odia la Navidad, está claro».

Seguía sin contarle nada. No quería preocuparla.

Entró otro mensaje: «¿Estás en la cama?».

«Sí», escribí.

Comencé a escribir un texto largo en el que le contaba lo que estaba planeando para el día de enero en que terminaría el último de sus exámenes. «Vendré a buscarte a la facultad y nos iremos a comer para celebrarlo. Brindaremos por la médica que ya comienzas a ser», decía mi mensaje. Antes de que pudiera enviarlo, entró uno de ella:

«Ojalá pudiera estar ahí, contigo, debajo de las sábanas».

No supe qué contestar. Escribí varias respuestas (todas muy torpes) y las borré. Algunas eran cortas, otras largas. El corazón me latía muy fuerte. Creo que me puse nervioso. Xenia estaba ahí, esperando.

En línea.

Escribiendo.

Antes de que ella pensara que me había dormido o que me había vuelto tonto, conseguí poner: «Ojalá algún día». Y añadí: «Te amo».

Ella contestó con un corazón rojo y palpitante al que siguió una sola palabra: «Ojalá».

Y enseguida: «Buenas noches. Tengo que ponerme a dormir».

Le deseé felices sueños y me quedé un buen rato más mirando la pantalla del móvil, imaginando. Sonriendo como un idiota.

Marcelo

Nadie sabe que tengo dos móviles. Ni siquiera Xenia. Uno es el normal, el que le doy a todo el mundo. Va a mi nombre, y es de prepago. El otro me lo dio el sargento Roig y lo utiliza para llamarme cuando me necesita. Nadie más tiene el número. Cuando suena, sé lo que significa. Aquel sábado sonó a las siete de la mañana, cuando no llevaba ni tres horas durmiendo.

Omar roncaba en el salón, feliz sobre la manta. Me escondí en el baño para que no me oyera.

—Buenos días. ¿Éric González? —preguntó una voz de mujer—. Soy Paula, investigadora de la policía judicial. Trabajo con el sargento Roig. Es él quien me ha facilitado tu teléfono. ¿Tienes un segundo?

—Sí, sí, claro.

—Bien. Estamos trabajando en la revisión

de un caso de asesinato. El sargento dice que conocías a la víctima. Que era primo tuyo o algo por el estilo. Rubén López Simón. ¿Te suena?

Se me disparó el corazón.

Ben.

Me sonaba, sí. No era mi primo, pero era algo parecido. Se comportó como si de verdad lo fuera. A veces me hacía pasar por su hermano. Viví en su casa, me compró mi primera bicicleta (y única hasta el momento) y cumplí condena en su lugar. Le quería. Podría haberle contado que Ben fue lo único parecido a una familia que tuve durante toda mi niñez. La única persona que de verdad se preocupó por mí. Podría haber añadido que sin él no habría llegado a mayor. Que le echaba de menos cada día. Pero no me gusta hablar de mis cosas. Y menos con extraños. Por eso solo contesté:

—Sí.

—Excelente —se alegró ella—. A Rubén lo mataron de una paliza hace casi dos años. Esta semana han aparecido nuevas pruebas que podrían incriminar en su muerte a alguno de los Medina. Pero tenemos que ir con pies de plomo. Antes de presentar cargos, nos urge localizar a un testigo que se encontraba en el escenario del crimen la noche de los hechos. Sabemos que lo vio todo. Le necesitamos.

—Creía que nadie lo había visto —dije, recordando lo breve que había sido la investigación, por supuesto amañada por el omnipotente capo Nicolás Medina, que se pintaba muy bien protegiendo a los suyos al precio que fuera.

—Nosotros también lo creíamos —prosiguió Paula—, pero hemos recibido un vídeo. Muestra el momento de la agresión, incluida la muerte. Las imágenes no son nítidas, pero se distingue bien que los agresores son tres. Ninguno muestra la cara. También se escucha con nitidez la voz de quien grababa la escena. Creemos que fue Ángel Medina, ¿te acuerdas de él?

Ángel Medina era uno de los nietos del gran capo y uno de los más firmes candidatos a convertirse en su heredero. Suponiendo que estuviera vivo, claro. Pero se empeñó en correr demasiado. Se metió en el negocio por su cuenta, con solo dieciséis años. Demasiado pardillo y ambicioso para sobrevivir, y menos sin la protección de los suyos. Se pasó de listo. Encontraron su cadáver flotando en las aguas del puerto. Todo el mundo pensó que era un ajuste de cuentas. Su muerte fue un mazazo para todo el clan, que presume siempre de proteger a sus cachorros. No le dije a la investigadora que yo fui la última persona que vio con vida al niñato de Ángel Medina y que estaba borracho y colocadísimo. No hubiera sido tan raro que se hubiera caído al agua él solito, aunque poco después se supo que lo mató Kevin, la Bola de Grasa. Todo esto pasó por mi cabeza, pero, como de costumbre, solo pronuncié dos sílabas.

—Claro.

—La buena noticia es que en el vídeo se ve una cara con claridad. Solo una. No es ningún Medina. Es alguien del entorno de la víctima. Y del tuyo, según dice el sargento. Necesitamos que testifique. Que diga quiénes fueron los agresores, que vea el vídeo, que recuerde. Y aquí es donde entras tú. Tienes que encontrarle.

Iba a preguntar quién era cuando Paula se me adelantó:

—Se llama Marcelo López.

Otra vez mi corazón comenzó a acelerarse.

—¿Marcelo?

—¿Lo conoces?

—Hace mucho que no lo veo.

Marcelo desapareció de mi vida, de la vida de todos aquellos que le conocíamos, cuando mataron a Ben. Nunca me pregunté por qué. O, si lo hice, lo encontré lógico. Ben y él estaban muy unidos. Los dos soñaban con marcharse del barrio para siempre. Marcelo lo consiguió. Siempre pensé que era un tipo con suerte y, aunque traté de ponerme en contacto con él, nunca mostró el menor interés por verme, así que dejé de insistir. Respeté su decisión de romper con su pasado. Ojalá lo hubiera hecho yo también.

—Necesitamos que lo encuentres. Usa las redes sociales.

—De acuerdo.

—Tienes que convencerlo para que hable con nosotros. Necesitamos que venga a comisaría, que vea el vídeo, que identifique a quienes salen en él. Solo él puede hacer eso. Es un testigo valioso. Más ahora que don Nicolás ha muerto y que sus herederos parecen haberse declarado la guerra unos a otros.

—¿Cómo? ¿Don Nicolás ha muerto?

—Pensaba que lo sabías.

Me quedé de piedra. Don Nicolás era el gran patriarca del clan, y también una parte de la memoria viva de mi barrio. Una especie de leyenda del trapicheo y del negocio sucio. También del crimen, aunque eso nunca pudo probarse. Además, nadie se atrevía nunca a hablar de ello. En mi barrio, si criticabas a Nicolás Medina, te podían ir muy mal las cosas. Todo el mundo le temía y le respetaba. Cuando se pronunciaba su nombre, se hacía un silencio. Se contaban historias increíbles sobre él: que había asesinado a más de cuarenta personas, que se enfrentó a un grupo rival y no paró hasta derrotarlo. Que no toleraba que nadie se interpusiera en su camino o el de su familia. Se pasó unos cuantos años en la cárcel, pero desde allí gobernaba a todos los miembros del clan, que incluía a sus seis hijos, tres hermanos, dos cuñados y un rebaño de sobrinos y nietos. También se decía que fue él quien dio la orden de que mataran a Ben.

—¿Cómo murió don Nicolás? —pregunté.

—Un paro cardíaco. De repente, mientras dormía. Su compañero de celda le encontró muerto por la mañana. Nadie lo esperaba.

Trataba de pensar en las consecuencias de aquella muerte. Cuando muere un rey, se abre la línea sucesoria. Hay gente dispuesta a todo por sentarse en el trono. Sobre todo cuando el trono otorgaba riqueza y poder casi absolutos.

—Pensaba que les habíamos desmantelado el negocio a los Medina.

—¿Desmantelado? —la policía soltó una risita irónica—. Esta gente siempre vuelve a organizarse. Ya lo están haciendo. Igual, si esto sale bien, logramos que no lo consigan. O les fastidiamos algún buen plan. ¿Contamos contigo?

—Claro —contesté.

—Bien. Otra cosa. El sargento y yo creemos que deberías ver el vídeo. ¿Cuándo podrías pasarte por aquí?

Hay cosas que es mejor hacer lo antes posible.

—Voy para allá —le dije.

Cuando salí del baño, Omar seguía roncando como una locomotora estropeada.

Vídeo

Llamé por tercera vez a Hugo camino de la comisaría. Nada. El mismo mensaje de las otras dos veces.

Antes de entrar, le envié un mensaje a Xenia: «Ya falta un día menos». Contestó enseguida: «Igualmente, es una eternidad».

El sargento Roig me saludó con un par de palmadas en la espalda, me preguntó si todo iba bien y me agradeció que hubiera acudido tan pronto. Se le veía de buen humor. Me presentó a Paula, que era menudita y llevaba un uniforme que le quedaba un poco grande.

Pasamos a un despacho donde solo había una mesa y un ordenador.

—Las imágenes son duras —dijo Paula, mientras preparaba el vídeo—. ¿Estás preparado?

—Sí —mentí.

—Bien, presta atención.

Play.

Duraba seis minutos y diecisiete segundos. Las imágenes estaban muy granuladas y tenían un tono anaranjado. A ratos apenas se distinguía nada, más allá de varios bultos en movimiento. Al principio, el plano era demasiado cerrado. Luego, el autor se apartaba un poco y mostraba mejor la escena. Tres atacantes, una víctima. Dos tíos mirando. Uno, gordo y seboso, sujetaba al otro. Aquí Paula congeló la imagen.

—¿Los reconoces? —preguntó.

—Este es Kevin —dije señalando a la Bola de Grasa.

—¿Estás seguro?

—Completamente.

Al otro se le veía la cara y estaba cerca de la cámara. Le reconocí al instante. Le señalé.

—Marcelo.

La agente me dedicó una mueca de satisfacción.

—¿Y los agresores? ¿Tienes idea de quiénes pueden ser?

Miré de nuevo la grabación. Uno de los atacantes llevaba botas. No se veían bien, pero parecían de estilo vaquero, terminadas en punta y con remaches metálicos. No podía estar seguro, pero conocía a alguien que calzaba ese mismo tipo de calzado.

—Uno de los sobrinos de Horacio lleva siempre botas así. Creo que se llama Patrick o algo parecido. Pero también podría no ser él, claro.

—Claro. ¿Seguimos? ¿Estás bien?

—Sí.

Tenía un nudo en la garganta que casi me impedía hablar. Procuré disimular, pero creo que Paula me lo notó.

Las imágenes me desgarraron el alma.

Ben estaba ahí, vestido con la ropa negra que tanto le gustaba. Al principio del vídeo ya estaba en el suelo, pero aún se resistía. Intentaba levantarse, pero una y otra vez le doblegaban a golpes. En algún momento dejaba de oponer resistencia y se hacía un ovillo sobre sí mismo. Ya no se defendía, tan solo trataba de encajar. Sobrevivir. Había entendido que aquello iba en serio. Se retorcía de dolor. Así estuvo durante un par de minutos que se me hicieron muy largos, hasta que se quedó muy quieto, con los brazos cruzados sobre el estómago. Ya no parecía una persona, sino más bien una cosa. Algo quieto y mudo, incapaz de hacer nada por sí mismo, indiferente a todo. Hasta a la muerte.

Cuando la pantalla quedó a oscuras, me enjugué las lágrimas.

Entonces me di cuenta de que algo no cuadraba.

—¿Por qué no tiene sonido? —pregunté.

—Se lo he quitado para que te resultara menos doloroso. No sabes cuánto te agradecemos el esfuerzo que supone... —me dijo Paula.

—Quiero escucharlo —pedí.

—Creemos que es mejor así, Éric.

—No. Quiero escucharlo. Ponlo otra vez.

—Te advierto que será doloroso para ti.

—Ya.

La vida sin sonido sería más soportable. Lo aprendí mientras asistía a la auténtica muerte de Ben. A sus gritos, a sus gemidos, a sus súplicas. A los bufidos feroces de sus asesinos. Al principio aún se distinguían bien los insultos que Ben profería a sus asesinos. Después sus palabras se hacían más débiles y difíciles de entender. Costaba reconocer a Ben en las súplicas mezcladas con gemidos lastimeros que siguieron: «Basta, basta, por favor», repetía. Sus últimas palabras, apenas comprensibles, fueron una súplica. Solo una súplica pronunciada entre jadeos, varias veces: «Por favor, por favor, por...». Hasta que su voz se apagó del todo y llegó el silencio. Y luego, nada.

Caras

Nunca olvido una cara. Aunque solo la haya visto una vez. Tampoco lo consideraba una habilidad extraordinaria, pero el sargento Roig me hizo creer que lo es.

—Necesito que nos ayudes con esto —dijo el sargento Roig, mostrándome una carpeta llena de fotografías—. Eres el único que puede hacerlo.

Eran retratos de miembros de la familia Medina: jóvenes, viejos, de mediana edad y casi niños. Había más de treinta. Todos hombres. Me pidió que le dijera sus nombres o cualquier cosa que supiera de ellos, por pequeña que fuera.

En algunos casos era muy fácil.

—Este era don Nicolás.

O bien:

—Horacio Medina.

El sargento me hacía preguntas y tomaba notas:

—¿Sabes cuántos hermanos tiene Horacio?

—Muchos. Cinco o seis.

—¿Los reconocerías?

—Es probable. En mi barrio todos nos teníamos vistos de algo.

Algunos estaban muy cambiados, como Antonio, que ahora llevaba barba y tenía un montón de canas, a pesar de que no era tan mayor. Reconocí a tres hijos más de don Nicolás —Luis, Manuel y Francisco—, y a bastantes de sus sobrinos y nietos.

—Estos siempre fueron como un clan aparte —le dije cuando reconocí a uno de los sobrinos-nietos, cuyo nombre no recordaba muy bien, Efraín, o Ismael, o algo así.

El sargento apuntó los dos nombres en su cuaderno, seguidos de un interrogante. En la sala había también cuatro de los agentes asignados al caso, a quienes había saludado nada más entrar. Me miraban serios y admirados. O eso creía yo.

Yo continuaba. A cada nueva foto tenía algo que decir.

—Este iba conmigo al colegio —continué, reconociendo a un tío seco como un bacalao que iba un curso por delante del mío.

—¿Recuerdas cómo se llama?

—Jonathan. Y tenía un hermano, un año mayor. Luis, creo.

—Entonces, ambos son primos de Bernardo —dijo el sargento—. La siguiente generación de Medinas. Como este.

Me mostró la foto de un chaval jovencísimo, casi un crío.

—Nicolasito. El hermano de Ángel. No sabía que ya estuviera fichado.

—No lo está. Pero le vigilamos pensando en el futuro.

Puso sobre la mesa la foto de otro crío. Noté que alguno de los policías presentes se incomodaba.

—¿Y este? —preguntó el sargento.

Era un niño. Como mucho diez años.

—Ni idea —dije—. Pero no parece muy peligroso.

—Tienes razón —dijo guardando la foto—. Limitémonos al presente y olvidemos a la cantera.

Continuamos un buen rato más. Reconocí la mayoría de las caras. Facilité un montón de nombres. Toda la vida en mi barrio tiene que servir de algo.

—Eres una enciclopedia andante, Éric. Estoy impresionado —dijo el sargento, cuando ya me iba.

—Nunca olvido una cara —le dije—, aunque solo la haya visto una vez.

En línea

Xenia y yo nos dábamos los buenos días cada mañana. «Ya queda un día menos», solía decirle yo. «Aún es una eternidad», contestaba ella.

Durante el día intercambiábamos pocos mensajes. Casi todos habrían podido resumirse en cuatro palabras: «Te echo de menos».

Por la noche, antes de dormir, llegaba el momento de las noticias o las confidencias. Reservábamos para esa hora las cosas más importantes.

«Estoy colaborando en un caso nuevo. No puedo contarte nada, pero quería que lo supieras, por si de pronto no contesto o tardo más de lo normal en hacerlo».

«¿Es peligroso?», me preguntó.

«Espero que no, pero nunca se sabe».

«Ten cuidado, por favor. No quiero ni pensar en que te pase algo».

«No me va a pasar nada. Lo que sientes por mí me protege».

De Hugo no le dije nada. Prefería esperar a que pasaran los exámenes.

También ella tenía a veces noticias que darme.

«He decidido apuntarme a clases particulares. Creo que será la única manera de no ponerme más nerviosa».

«Genial, si eso te hace sentir más segura, pero yo sé que lo vas a hacer muy bien. Serás la médica más lista y más guapa de tu promoción».

Los emoticonos jugaban un papel importante en nuestras comunicaciones. A menudo nos enviábamos corazones de colores. O esa cara sonriente con dos corazones en lugar de ojos. O esa otra de cuyos labios fruncidos sale un corazón diminuto y que significa un beso. No sustituían a las palabras, pero nos ayudaban a decir muchas cosas que los dos imaginábamos.

Quien inventó los emoticonos le hizo un favor a la humanidad.

Fósiles

Hugo tenía en su cuarto una estantería llena de trofeos deportivos. Una foto donde se le veía con su equipo de baloncesto. Otra donde aparecía junto a una chica rubia y guapa, de pelo corto. Una colección de minerales. Un reloj parado a las once y veinte. Un ordenador equipado con lo mejor para jugar en línea: una pantalla de máxima resolución, un teclado mecánico de rápida respuesta; un ratón de sensor óptico, de forma ergonómica especial para zurdos; una torre inmensa que recordaba a un reactor nuclear; y, por supuesto, una silla que parecía hecha para pilotar el Halcón Milenario. Todo carísimo, claro. Me daba lástima ver el ordenador, los trofeos, los minerales o las fotos. Me parecían fósiles de la vida que Hugo no volvería a tener. Era como si dentro de aquella habitación el tiempo hubiera dejado de transcurrir, igual que para el reloj.

Hugo y yo nos comportábamos como si todas aquellas cosas no estuvieran allí. Aunque de vez en cuando, mientras me escuchaba leer, acariciaba el ratón, o pulsaba algo en el teclado, y me parecía que sus labios se fruncían en una expresión contenida de rabia. Nunca me pregunté qué sentía. Sabía que no estaba bien y procuraba ponerme en su lugar.

—Compréndele y ayúdale, pero no le compadezcas —me recomendaba Elena—. La compasión hace daño.

Le di muchas vueltas antes de proponérselo, pero un día le pregunté a Hugo:

—¿Te apetecería ir a un concierto?

—¿Un concierto?

—Para eso no necesitas los ojos. Solo los oídos.

Se quedó un momento quieto, como si lo pensara. Al final, sacudió la cabeza y dijo:

—Paso. Además, mis padres no me dejarán salir.

—¡Pues diles que eres mayor y que quieres hacerlo! ¡No pensarás pasarte la vida aquí encerrado!

No contestó. El silencio se hizo espeso e incómodo. Lo rompió él para decir:

—Sigue leyendo, por favor.

Nadie

Hacía poco que conocía a Hugo cuando un día le pregunté:

—¿Quién es la chica rubia de la foto?

—No te importa —contestó.

—Es guapa.

Al día siguiente nada más entrar en la habitación me di cuenta de que la foto había desaparecido. Solo estaba el marco vacío. En la papelera distinguí la imagen hecha trizas.

—¿Qué le ha pasado a la foto? —pregunté.

—Que me he cansado de mirarla —dijo, con una sonrisa irónica y terrible.

—¿No me vas a contar quién es la chica rubia?

—No es nadie.

Repiqueteaba con los dedos en la superficie de la mesa, como si estuviera impaciente por escucharme leer. O, simplemente, porque dejara de hacer preguntas.

—¿Sabías que en algunas culturas creen que rompiendo la foto de una persona te olvidas de ella para siempre?

—Menuda parida —dijo.

Mientras yo sacaba el libro de la mochila y me preparaba para nuestra larga sesión de lectura, Hugo musitó:

—Si lo llego a saber, la rompo antes.

Germán

Lo primero que hice tras salir de la cárcel fue conseguir un móvil decente y buscar a Marcelo en todas las redes sociales. Le encontré en Twitter, solo porque estaba entre los amigos de mi prima Andrea. Le envié un mensaje privado: «Hola, Marcelo, soy Éric. Estoy de vuelta. Me gustaría verte algún día, en el barrio o en cualquier otra parte, solo para invitarte a una cerveza, charlar y reírnos recordando a Ben. Si puedes y te apetece, claro. Un abrazo».

Nunca me contestó.

Durante mucho tiempo me estuve preguntando cuál habría sido mi error. ¿Mencionar a Ben? ¿Hablarle del barrio? ¿O, simplemente, escribirle? Marcelo había roto amarras con su antigua vida. Y eso me incluía a mí. Tardé mucho en comprenderlo.

Cuando el sargento Roig me habló de él, me había resignado a no volver a verle. Resignarse forma parte de la vida, aunque no nos guste. Consiste en dejarse vencer, en aceptar que hay cosas que no vas a tener nunca, por mucho que las desees. No es nada fácil.

Cuando me propuse dar con él, lo primero que hice fue volver a Internet. Encontré sus perfiles en las redes. Estaban abandonados. Hacía mucho tiempo que no publicaba nada. La única actividad de sus cuentas consistía en compartir lo que ponía otra persona, un chaval con barba y gafitas de pasta que se llamaba Germán. Era su marido. Lo supe porque encontré una foto de Marcelo con delantal y una fuente de carne en la mano junto a un comentario que decía: «Mi marido es el mejor cocinero de barbacoas del mundo».

Germán trabajaba en una tienda de una cadena de ropa deportiva, en un centro comercial. Esta información la saqué de su perfil de Facebook. El tal Germán no era nada meticuloso con respecto a su privacidad. El único problema era que había por lo menos una docena de centros comerciales cercanos donde buscarle. Para estrechar un poco el cerco estuve revisando con cuidado sus fotos, una por una. Buscaba algún detalle, alguna pista que me pusiera en la dirección correcta. La verdad es que fue muy fácil. Había visto unas quince imágenes cuando tropecé con una en la que se veía el mar, un muelle, algunos barcos pesqueros y, al fondo, el reloj de Carlos III. Lo reconocí al instante. Ese reloj está en la Barceloneta, y parece el centinela del puerto de pescadores. El comentario bajo la foto decía: «Lo que veo todos los días al salir del trabajo».

Me puse en camino enseguida. Era domingo, el último antes de Navidad; las tiendas estaban abiertas y había mucho ambiente por las calles. La gente se vuelve loca cuando se acerca Navidad. Se comportaban como si se acercara un desastre nuclear. Después de unas cuantas paradas de metro, ya estaba en la parte baja de La Rambla, junto al mar. Crucé la pasarela que separa la ciudad del centro comercial. Una vez allí, fue fácil dar con la tienda que buscaba. Estaba casi a la entrada, y era bastante grande.

Los empleados eran fáciles de identificar. Llevaban todos la misma camiseta negra con el logotipo de la marca. No distinguí a Germán. Después de un rato merodeando por entre las camisetas y las bolsas de deporte, me decidí a preguntar por él a una de las dependientas.

—Entra a las cuatro —me informó, mirando su reloj—. Dentro de cincuenta minutos.

Decidí esperar tomándome una naranjada frente al mar. Hice una foto de la luz del sol reflejada en las frías aguas de diciembre. Se la mandé a Xenia con un mensaje que decía: «Te echo de menos». Contestó enseguida: «Ya queda poco para los exámenes». Y un corazón rojo, que palpitaba.

Llamé a Hugo. No tuve suerte. Apagado o fuera de cobertura. Me preguntaba hasta cuándo pensaba mantenerse al margen del mundo. Me entretuve mirando las barquitas ir y venir desde el puerto de pescadores. Y también los vehículos que entraban y salían del aparcamiento. Justo enfrente de donde yo me encontraba, había una zona de motos bastante concurrida. Fue allí donde vi a Germán por primera vez.

Conducía un ciclomotor de color gris plateado. Le reconocí en cuanto se quitó el casco. Era idéntico a su foto de perfil, la que había visto en sus redes sociales. Me acerqué a él con precaución, para no parecerle un loco. Y nada más saludarle, me presenté:

—Hola, tú eres Germán, ¿verdad? —Me dirigió una mirada interrogativa—. Yo soy Éric.

Esperé un momento por si mi nombre le sonaba de algo. Tal vez Marcelo le había hablado de mí alguna vez. Enseguida me di cuenta de que no. Proseguí:

—Soy amigo de Marcelo.

—¿Ah, sí? ¿De qué le conoces?

—Del barrio.

—¿De qué barrio?

—Nuestro barrio, en El Prat —aclaré.

Se puso un poco a la defensiva para decir:

—Marcelo no mantiene relación con nadie de El Prat.

—Bueno, en realidad somos algo así como familia. Su madre es la mujer de mi tío.

—Entonces sois... ¿primos?

—Bueno... Más o menos.

Me miraba sin entender nada, como si le estuviera hablando de la familia de Amenofis IV. Continué con más datos, a ver si alguno conseguía ablandarle un poco.

—Ah, y también fui su alumno en el gimnasio Yom Chi —añadí—. Seguro que el peor que tuvo en su vida.

De pronto se iluminó su cara y soltó algo parecido a una carcajada.

—¡No conoces a las que tiene ahora! —dijo.

Me relajé. Aquello comenzaba a salir bien. Menos mal.

—No sabía que había dado clases antes, en El Prat. ¿De qué? ¿De taichí? —preguntó.

—Taekwondo. Y era muy bueno.

Arrugó la nariz, como si no tuviera ni idea.

—¡No me digas! Nunca me ha dicho nada —bajó un poco la voz para añadir—: Es que no le gusta hablar de esa época. Fue chunga para él.

—¿Ahora es profesor de taichí? —pregunté.

—¡De taichí, de yoga, de *xin yi,* de *chi kung,* de todo! En un gimnasio muy pijo de Sarrià. Se llama Lotus. ¿Lo conoces?

—No voy mucho a sitios pijos —bromeé—. ¿No se me nota?

Se echó a reír.

—Sí, un poco —dijo.

Me caía bien Germán. Parecía un tipo normal. Y tenía sentido del humor.

—Iré a verle al trabajo —solté, a ver cómo reaccionaba.

—No sé —contestó, mordiéndose el labio inferior—, no quiero que se enfade conmigo por decirte dónde trabaja.

—No le diré que me lo has dicho tú.

—Siempre dice que hablo demasiado, que tengo que aprender a callarme. Creo que tiene razón. Soy un bocazas. Menos mal que tú pareces buena gente. Además, eres su primo, ¿no?

—Casi.

Me pareció que Germán era optimista porque tenía razones para ello. Una de esas personas que nunca ha tenido que pasar por algo realmente malo. Alguien que nunca ha tenido que protegerse del mundo y de sus habitantes.

—A las siete tiene una hora de descanso —añadió—, si vas a esa hora seguro que puedes hablar con él —miró el reloj, dio un respingo—. ¡Ostras! ¡Son y diez! ¡Tengo que irme a trabajar! Hoy me toca con mi jefa y tú no sabes lo mala que es.

Lotus

Me detuve frente a la entrada del edificio y leí el rótulo sobre la puerta: GIMNASIO FEMENINO LOTUS. Era un edificio elegante en una calle de la zona alta. Dentro se respiraba un ambiente sofisticado y lujoso, pero también dinámico, interesante. Desde la entrada se veían las aulas del piso superior, con grandes ventanales acristalados. En una de ellas se desarrollaba una clase de *spinning*. Los bajos de la música resonaban por todo el edificio, mezclados con las órdenes del monitor. Las ciclistas pedaleaban sin moverse del lugar mientras las luces como de discoteca cambiaban al ritmo de la trepidante melodía. De buena gana me hubiera subido a una bicicleta estática y hubiera comenzado a hacer como ellas. En lugar de eso, me dirigí al mostrador de recepción y le dije a una chica muy maquillada que me sonreía:

—Me gustaría ver a Marcelo López.

—¿Tiene cita? —preguntó, como si aquello fuera la consulta de un dentista.

—No.

—¿Sabe que esto es un gimnasio femenino?

—Acabo de leerlo en la puerta.

Quería parecer seria, pero creo que la situación le estaba dando risa. Supongo que pensó que yo desentonaba allí. Yo también lo pensaba.

—Espere aquí un momento, por favor —y señaló una zona de sofás de cuero blanco que debían de valer un ojo de la cara.

La chica hizo una llamada muy breve. No me había preguntado el nombre. Igual eso no era importante en un sitio como aquel, o igual se había olvidado. En todo caso, jugaba a mi favor. Tal vez Marcelo no hubiera querido verme de saber quién era. Pero todo apuntaba a que eso no iba a pasar.

Cinco minutos más tarde, el ascensor del vestíbulo emitió un *clinc* metálico, sus puertas se abrieron y me permitieron ver a un Marcelo transformado en personaje del futuro. Llevaba unos pantalones de color violeta metalizado, una camiseta negra muy ajustada (que ceñía una impresionante musculatura) y unas zapatillas psicodélicas de marca. Miró a su alrededor, buscándome, con una sonrisa de oreja a oreja. El tipo de sonrisa con que el trabajador de un sitio caro saluda a un posible cliente. Todo iba bien hasta que me reconoció. Al hacerlo, su sonrisa desapareció por completo. Creo que estuvo a punto de volver a entrar en el ascensor, pero la chica de recepción nos miraba con curiosidad. Hubiera sido sospechoso comportarse así. Se notaba que Marcelo ya no hacía esas cosas, que se había acostumbrado a aquel ambiente de lujo y se movía en él como pez en el agua. Intentó recomponer algo parecido a un saludo amable (para no levantar sospechas), se acercó a mí decidido y dijo con toda naturalidad, como si no llevara más de cinco años sin verme:

—Qué alto estás, Éric. ¿Qué haces aquí? Ven, vamos a la cafetería.

No me dejó responder. Me agarró por el hombro y me empujó hacia el fondo, donde una puerta conducía a un restaurante-bar tan elegante y sofisticado como todo lo demás.

Había mucha luz, jarrones de cristal con lirios blancos y muchas mujeres mayores con ropa cara de deporte tomando bebidas sin azúcar.

—¿Cómo sabías que trabajo aquí? —preguntó Marcelo en cuanto nos sentamos a una mesa apartada.

—He visitado uno por uno todos los gimnasios de Barcelona —mentí, y creo que se dio cuenta.

Iba a contestarme algo cuando una camarera nos preguntó, en un tono demasiado alegre para la ocasión:

—¿Qué vais a tomar, chicos?

Marcelo, con cara de pocos amigos, pidió un té verde. Yo dije: «Otro para mí», aunque nunca había probado el té de ninguna clase. La camarera se marchó con paso atlético, como si estuviera sobre una cinta de caminar. Marcelo esperaba una respuesta con mirada de inquisidor.

—¿Qué quieres? —soltó de pronto, en el tono más adusto imaginable.

Yo traté de pagarle con la misma moneda. Nada mejor que ir al grano. Estaba seguro de que lo que tenía que decirle no le haría ninguna gracia.

—Han aparecido nuevas pruebas que incriminan a alguno de los Medina en el asesinato de Ben... —Al oír este nombre, desvió la mirada—. Sabemos que tú estuviste allí, en la explanada, mientras le daban la paliza que lo mató. Necesitamos que testifiques.

Me agarró de una muñeca. Bajó la voz.

—¿Por qué te metes, Ric? ¿Cómo te atreves?

Ric. El nombre que me puso Ben. El nombre con el que Marcelo y él me llamaban cuando era niño. Un nombre capaz de despertar los recuerdos de otro tiempo. Un nombre falso, como tantas cosas de mi vida de entonces.

Le sostuve la mirada. Esperé a que me soltara, pero no lo hizo.

—Suéltame —le ordené.

Me hizo caso, pero fue solo porque la camarera se acercaba con los tés. En cuanto los dejó sobre la mesa, Marcelo se puso en pie. Estaba deseando marcharse de allí.

—Lárgate, Éric. O llamo a seguridad.

—Si me largo, la próxima vez vendrá la policía. Llamará más la atención. No creo que te guste —dije.

Se quedó mirándome, dudando. No sabía si creerme o largarse. No sabía qué pensar de mí. No me extraña: la última vez que me vio yo tenía catorce años y él era el mejor amigo de Ben. Las cosas habían cambiado. Parecíamos dos personas diferentes.

—Estás llamando la atención, tío —le dije—. Creo que deberías sentarte y escuchar lo que he venido a decirte. Si no ayudas a la policía a detener a los asesinos de Ben, te acusarán de ser su cómplice. Cómplice de asesinato. Unos cuantos años de cárcel. No te va a gustar. Sé de qué hablo.

Se sentó, a regañadientes. Bebió un sorbo de su té. Eso me animó a mí también a observar el mío. Levanté la tapa de la tetera. Era un líquido oscuro en el que flotaban unos hierbajos. Estaba ardiendo. Y sabía a forraje para vacas. «Menudos gustos tiene la gente fina», pensé, antes de comprobar que Marcelo parecía dispuesto a escuchar. Proseguí:

—Alguien grabó un vídeo aquella noche. Por eso sabemos que tú estabas allí.

—Qué dices. Eso no es verdad —saltó.

Demasiado a la defensiva, demasiado rápido. Estaba mintiendo.

—Es una idiotez que lo niegues. Tu cara es la única que se distingue con claridad en la grabación.

Calló. Por fin me escuchaba.

—Creemos que lo grabó Ángel Medina. Seguro que te acuerdas de él. Era un chavalín demasiado listo que...

—Me acuerdo —me interrumpió.

—Bien. En ese vídeo aparecen tres agresores, aunque ninguno muestra la cara. El grueso de la paliza lo lleva uno. Los otros dos son meros ayudantes. Creemos que tú sabes quiénes son y necesitamos que nos lo digas.

Marcelo tardó en contestar. Estaba a punto de repetírselo cuando dijo:

—¿Necesitáis? ¿Tú y quién más? ¿Por qué hablas en plural?

No contesté. Se hizo un silencio largo, acompañado de una larga mirada. Me analizaba. Luego preguntó:

—¿Dónde estaba ese vídeo? ¿Por qué aparece ahora?

—No lo sabemos.

Enarcó las cejas.

—Nada pasa por casualidad —opinó.

—Igual alguien quiere que se haga justicia.

—¿Justicia? —soltó una carcajada irónica—. Más bien suena a venganza.

—Puede ser. Pero no importa. Yo también quiero vengar la muerte de Ben —le miré a los ojos—. ¿Tú no?

Desvió la mirada. Dio otro sorbo al té. Me lanzó una ojeada dura, cargada de resentimiento.

—No quiero hablar de Ben.

—Solo tendrás que hacerlo una vez. Para que los asesinos vayan a la cárcel.

—Los Medina nunca van a la cárcel. Siempre se salvan —sus labios se torcieron en una mueca triste.

—No tanto como antes. Ahora el clan no está tan organizado. Horacio está en la cárcel, Nicolás ha muerto. Hay varios que se disputan sus puestos. Es nuestra oportunidad.

—¿Nuestra? —hizo un gesto despectivo.

—Si nos ayudas, te protegeremos. Te lo aseguro.

—¿Eres poli?

—No. Solo colaboro.

—¿Un chivato? —Se le abrieron mucho los ojos.

—Y más cosas. A veces.

Se echó hacia atrás en la silla, pareció mirarme mejor. No quería hacerlo. Valoraba los riesgos de negarse, supongo. Creo que se daba cuenta de que no le quedaba otro remedio.

—Si lo cuento, tendrá que ser a un poli de verdad.

—Claro. Sabemos que no quieres volver al barrio. Pueden prepararlo todo para que vayas a otra comisaría. Aquí, en Barcelona.

—Ver ese vídeo es una forma de volver al barrio, Ric —dijo, mirándome a los ojos.

Quería decirle que le comprendía mucho mejor de lo que él podía imaginar. Que yo también había tenido que inventar mi propia manera de romper con todo. Que la mía tampoco era infalible.

—Está bien —cedió, al fin.

—Gracias —dije—. Tú harás que los asesinos de Ben paguen por lo que...

—Yo no haré nada —me interrumpió—. Nunca he hecho nada.

Creo que fue la emoción de recordar a Ben lo que me hizo hablar de más.

—Ben te quería —bajé la voz—. Nos quería. A ti y a mí. Y creo que para ti también fue alguien especial. Siempre sospeché que tú y Ben erais...

Me miró de nuevo muy fijamente.

—Ya está bien, Ric —dijo—. De eso hace mucho.

Se levantó. Dejó cinco euros sobre la mesa. Me pareció que tenía los ojos húmedos. También me pareció que se hacía el duro.

—Gracias por aceptar ayudarnos —añadí.

La última mirada fue la más demoledora de todas. La mirada de alguien que acepta su derrota, aunque detesta tener que hacerlo. Una mirada cargada de cansancio. De miedo.

—¿Tengo otro remedio? —preguntó, mientras sacaba una servilleta de papel del servilletero y garabateaba algo a toda velocidad—. Diles que me llamen cualquier día por la mañana.

Se marchó sin decirme adiós y dejándome frente a las dos tazas aún llenas. En la servilleta se leía: «Lotus, tu gimnasio de confianza». Debajo Marcelo había apuntado su número de móvil.

Pensé que, a pesar de lo mucho que había cambiado, seguía siendo el mismo. Un tipo listo acostumbrado a que todo le saliera bien.

Celos

Hubo un tiempo en que Marcelo era mi héroe. Mi profesor de taekwondo. Un cachas. Un tío fuerte, que ganaba medallas. El mejor. Aunque también era un tipo extraño, antipático a veces, un poco presumido (sobre todo en la época en que competía y no paraba de subir al podio). De niño quería ser como él. Hubiera dado cualquier cosa por lograrlo.

Marcelo era el mejor amigo de Ben. Siempre iban juntos, aunque eran bastante distintos. Ben era más lanzado, más fanfarrón, se hacía notar allá donde iba. Marcelo siempre estaba en la sombra, mirando, atento, sin pronunciar palabra. Nunca me pregunté por qué no salían con chicas. Por qué ninguno de los dos tenía novia. Hay una edad en que las chicas sobran, en que lo primero son los amigos. Marcelo y Ben eran amigos del alma. No necesitaban a nadie más. Era lo normal. Yo lo creía así.

A veces Marcelo se quedaba a dormir en casa de Ben, que también era mi casa. Dormían en el cuarto de Ben. Solo había una cama grande. Yo nunca había visto a dos tíos que durmieran en la misma cama. Aunque en realidad no había visto nada de nada. Mi experiencia de la vida casi no existía. Cuando Marcelo se quedaba a dormir en casa de Ben, siempre se marchaba muy temprano, cuando pensaba que yo no me daba cuenta. Yo dormía en el comedor y fingía que no le oía, aunque siempre he tenido el sueño muy ligero y en realidad estaba despierto.

Nadie les vio nunca besarse, ni intercambiar un gesto cariñoso, ni comportarse como algo más que dos buenos amigos. Nadie. Ni siquiera yo. No creo que fuera un error. Nuestro vecindario no estaba preparado para una pareja como la suya. Creo que nadie los hubiera tomado en serio. Puede que Ben hubiera tenido problemas con sus clientes. En mi barrio no hay memoria de capos de la droga que tengan novio. Habría sido malo para el negocio. Ben anteponía los negocios a casi todo. Por eso se esforzaba tanto en mantener esa parte de su vida bajo control.

Solo una vez perdieron el control. Fue poco antes de lo de Marta Villanueva. Aquella pesada colgó fotos suyas desnuda en Internet, junto a un comentario en el que daba a entender que ella y Ben tenían algo, o lo habían tenido o lo iban a tener en un futuro inmediato. Fue muy poco delicada, la verdad, y muy tonta. En realidad, estaba colada por Ben y ya no sabía qué más intentar para que él le hiciera caso. La jugada le salió fatal, porque quien realmente atendió a sus palabras en la red fue Marcelo. Llegó a casa muy enfadado, pidiéndole explicaciones a Ben. Quería saber si aquella era su novia, si le había engañado, si en realidad le gustaban las chicas. Le enseñó las fotos de Marta Villanueva, le pidió explicaciones, le amenazó con romper. No sé exactamente qué le dijo, porque Ben y él se metieron en la habitación y estuvieron discutiendo un buen rato. Gritaron, se insultaron, se dijeron muchas cosas, sin saber que yo estaba escuchando, ignorando por primera vez lo que yo pudiera pensar de ellos. En realidad, nada de lo que dijeron me sorprendió mucho.

De pronto, Marcelo abrió la puerta y se largó, muy enfadado. Pocos segundos después, Ben también salió. Estaba descompuesto, mascullaba cosas entre dientes. Cosas como: «Esa cabrona se arrepentirá» o «Me las va a pagar todas juntas».

Aquella noche, Ben asesinó a Marta Villanueva. Le ayudó el seboso de Kevin, que fue el único que se atrevió a resumir lo ocurrido:

—Esto es lo que pasa cuando quieres al que no puede quererte —dijo.

Siempre pensamos que Marta Villanueva murió por una tontería. En realidad, no. Murió por culpa de los celos de Marcelo. Los celos nunca son una tontería. Los celos nos destruyen por dentro. A menudo, también por fuera. Los celos lo destruyen todo. Son como una mancha de tinta negra que lo ensucia todo. Y nos cuestan un precio muy alto.

Todos nosotros terminamos por pagar un precio desmesurado. Marcelo nunca pudo volver a confiar en Ben. Yo pasé casi cuatro años en un centro de menores. Ben no pudo soportar que Marcelo se alejara. Se volvió loco. Quién sabe si no fue esa la locura que le mató. La que le llevó a aquella ambición desmedida, a la partida de póquer, a la explanada de los aviones, a la muerte.

Deporte

Una tarde en que no lograba concentrarme en la lectura, salté de pronto para decirle a Hugo:

—¡Tenemos que convencer a tus padres de que te dejen salir! ¡Tienes que hacer algo! ¡Te vas a pudrir de tanto estar aquí dentro!

Dio un respingo, del susto. En teoría, todo era como siempre. Estábamos leyendo. Capítulo once de *Frankenstein,* donde el monstruo comienza a narrar su desoladora historia, pero ni él ni yo estábamos prestando mucha atención.

Además, yo había estado averiguando cosas y tenía mucho que contarle. Solo que nunca sabía cuándo era un buen momento para hacerlo. Con Hugo, era difícil acertar.

—Tienes que volver a practicar deporte —le dije.

Soltó una especie de risita amarga.

—Qué bueno —dijo—. ¡Deporte! Buena idea. ¿Y cuál me aconsejas? ¿Tiro con arco? ¿Tenis? ¿Golf?

—*Goalball* —dije, cerrando el libro y buscando en mi mochila los papeles que había conseguido para él—. Es un deporte que se practica con los ojos vendados. Se parece un poco al fútbol sala, pero se juega con un balón sonoro que...

—Paso, tío. Menuda mierda.

Fingí que no le había oído y proseguí con todo lo que había averiguado:

—Hay un gimnasio no muy lejos de aquí donde lo enseñan y lo practican. Compiten con otros clubes. Justo en este momento necesitan defensas. He pensado que podríamos apuntarnos los dos.

—¿Tú y yo?

—Así tus padres no podrían decirte que no.

—Ya. El ciego y su lazarillo, ¿no? —lanzó un largo suspiro de hastío. No le gustaba que yo tratara de animarle. Prefería quejarse.

—Podríamos probar. Igual nos gusta.

—Ni loco —zanjó, antes de ordenarme—. Lee.

—De acuerdo. Te leeré las reglas del *goalball*. Así te darás cuenta de que no es aburrido. —Desplegué el folleto y comencé a leer—: *El* goalball *se juega en un campo que mide 18 metros de largo por 9 de ancho y que se divide en tres zonas: de ataque, de defensa y neutral. Lo juegan dos equipos de tres jugadores cada uno y el objetivo es marcar goles en la portería contraria. La pelota tiene un peso de...*

—No me gustan los deportes de equipo —me interrumpió Hugo, que no hacía más que buscar maneras de llevarme la contraria.

—Antes jugabas al baloncesto, ¿no?

—Tú lo has dicho: antes.

—Está bien —dije—. Entonces puedes practicar natación. O hacer pesas en un gimnasio. O montar en un tándem...

—¿Has hecho un cursillo de deportes para tarados o qué?

Pensé en discutirle aquella palabra, «tarado», pero lo dejé para otra ocasión.

—Me he informado.

—Pues gracias, no me interesa. Quiero conocer la historia de Frankenstein. ¿Serías tan amable?

El tono irónico también formaba parte de su maravilloso carácter.

—Me gustaría hablar de esto con tus padres —insistí.

—¿Piensas seguir leyendo o tengo que apuntarme a clases de braille?

Comprendí que no había nada que hacer. Guardé los folletos. Tomé el libro por donde lo había dejado y proseguí. Estaba interesante, porque por primera vez hablaba el monstruo:

—Apenas recuerdo los primeros momentos de mi vida; todos los acontecimientos de ese periodo me resultan confusos e indistintos. Una extraña multitud de sensaciones se apoderó de mí...

Continué leyendo hasta que dieron las nueve. Cuando oí los toques del reloj de la biblioteca, cerré el libro y me marché. Me hice el ofendido. Lo estaba, un poco. Hugo ni siquiera me dijo adiós.

Andamios

El gimnasio Lotus no estaba lejos de casa de Hugo. Decidí ir hasta allí y preguntarle a Armando por Hugo, cuyo teléfono continuaba desactivado. Ni siquiera me hizo falta subir. Nada más verme, el portero me detuvo esta vez. Parecía muy preocupado.

—No pensaba que viniera usted hoy —me dijo—. ¿Sabe si Hugo está bien?

—No sé nada de él —contesté.

—Menudo susto, ¿verdad? Menos mal que no pasó nada. Nada serio, quiero decir. Cada vez que lo pienso se me dispara el corazón. Supongo que sigue en el hospital, ¿no? ¿Usted lo sabe?

—Creo que sí —respondí.

—¡Natural! Querrán asegurarse de que está bien del todo. También deberán asegurarse de que no va a volver a..., a intentarlo. Menos mal que no pasó nada —repitió, y calló un momento, antes de continuar—: Todo esto podría haber sido una enorme desgracia. Pobre muchacho, pobres padres, cada vez que me acuerdo de cómo estaba, yo...

Se le rompió la voz, como si fuera a echarse a llorar, pero se contuvo.

—¿Usted sabe que pasó? —pregunté.

Negó con la cabeza, taciturno, antes de comenzar a contar la historia:

—Primero escuché el golpe. Salí a mirar y no vi nada. Normal, desde aquí abajo es imposible ver lo que ocurre allá arriba, y menos con los andamios. Entonces escuché gritar a la vecina del tercero. Pobre mujer, estaba desquiciada por el susto. Fue ella quien le vio caer. Al principio pensó que estaba muerto, claro, porque no se movía. Subí a toda prisa. Para tranquilizarla. Aún no sabía qué estaba ocurriendo. Cuando entré en el piso, la ventana estaba abierta y ahí fuera, sobre el andamio, muy quieto, estaba Hugo, tumbado boca arriba. Gemía de dolor, o puede que llorara. Pensé que se había roto la espalda o algo peor. Luego me di cuenta de que solo estaba avergonzado, desconcertado. No entendía qué había pasado, ni dónde estaba. Fui yo quien le dijo que había caído en el tercer piso, sobre el andamio. Y me quedé con él hasta que llegó la policía. Fue la vecina del tercero quien los llamó. Luego llegó la ambulancia, pero para entonces ya estaban aquí sus padres. Muy nerviosos, claro.

También yo estaba desconcertado y nervioso. No sabía qué pensar. ¿Hugo estaba intentando bajar por los andamios? ¿O era otra cosa?

—¿Tú lo sabías? —me preguntó de pronto el portero, que sin darse cuenta había pasado a tutearme—. ¿Sabías que iba a suicidarse?

Suicidarse. Hay palabras que dan miedo.

—No.

—¿No te dijo nada? Algunas personas dan toques de atención, avisan antes de hacerlo.

—No —dije, pero en mi mente las imágenes y las palabras se sucedían a toda velocidad.

Me pregunté qué sabía yo, en realidad. Qué habría podido sospechar. Qué habría podido evitar. ¿Somos todos, hasta cierto punto, responsables de los demás?

Preguntas difíciles. Demasiado.

Favor

A veces está bien tener amigos en la policía.

—Necesito un favor —le dije al sargento Roig.

—Que no sea muy difícil —respondió él.

—Ayer un chaval intentó suicidarse saltando por la ventana de su casa en el Paseo de la Bonanova, pero no lo consiguió. La policía estuvo allí. Necesito saber a qué hospital lo llevaron.

—¿Edad del chaval?

—Diecisiete.

—¿Es amigo tuyo?

—Más o menos.

—Vaya, lo siento.

—No pasa nada.

—¿Paseo de la Bonanova? ¿Es un niñato rico deprimido o tiene problemas de verdad?

—Tiene una vida de mierda. ¿Importa?

Tres segundos de silencio.

—Dame un par de horas y llámame.

—Gracias —dije, pero Roig ya había colgado.

Carmen

La tía Carmen no me llama nunca. Pero nunca. Una llamada suya solo podía significar una de estas cuatro cosas: 1) Mi padre había muerto; 2) Mi tío había muerto; 3) Cualquier otra cosa muy chunga; 4) Era mi cumpleaños.

La opción 4 estaba descartada de entrada. Ninguna de las otras tres me animaba mucho a descolgar el teléfono, pero a pesar de todo lo hice.

—Éric, cariño, ¿cómo estás? ¿Te pillo en mal momento?

Esta pregunta puede parecer normal en cualquier persona, pero de labios de mi tía sonaba de lo más sospechosa.

—No, no —dije—, ¿pasa algo?

Acababa de llegar a casa y me estaba preparando algo de cena. Omar había desaparecido misteriosamente, pero en el salón estaban su mochila y un par de zapatillas de deporte (que apestaban). Había dejado una nota que decía:

Oy kurro. Buelbo en 2 días.

La voz de mi tía sonaba demasiado alegre, como si estuviera interpretándose a sí misma diez años atrás, cuando yo era niño y me veía entrar en su bar.

—¡No, cariño! ¡Qué va a pasar! —dijo—. Es solo que me acordaba de ti y he decidido llamarte. Como ya no vienes nunca por aquí, ni te acuerdas de que tienes familia... ¿No piensas hacernos una visita en algún momento? ¿Ya no echas de menos mis bocatas de tortilla? ¡Si vienes a verme, te cambio uno por mil besos!

Me hizo sonreír. No porque esa frase me recordara (mucho) mi niñez, sino por lo mala actriz que era. Decidí preguntar directamente.

—Tía, ¿qué quieres?

—Bueno, ya te lo he dicho. ¿Piensas venir por tu barrio estas Navidades?

—No es mi barrio.

—Ya, ya. ¿Pero piensas venir o qué?

—No lo creo, tía. Las Navidades nunca han sido lo mío. Además, estoy muy ocupado.

—¿Con los estudios?

—Con todo.

—¿También en Navidad?

—También.

—En alguna parte tendrás que celebrarlo, ¿no?

—No creo.

Mi tía no es de las que se rinden sin luchar. Siguió insistiendo:

—¿Por qué no vienes a cenar en Nochebuena?

—Tengo planes.

—¿Qué tal en Nochevieja?

—Tía, no seas pesada.

—Ya veo que tendré que esperar a tu cumpleaños.

—Aún falta.

—No tanto.

No se me da muy bien recordar cuándo es mi cumpleaños. Es lo que pasa cuando has tenido unos padres que tampoco se acordaban.

—Está bien, está bien. Yo lo he intentado —se rindió, por fin—. Oye, ¿adónde tengo que ir si quiero verte? ¿Dónde vives ahora, si se puede saber?

—¿Vas a venir a verme?

—Bueno, si Mahoma no va a la montaña...

No entendí muy bien qué quería decir. Los refranes nunca han sido lo mío. Supongo que significaba algo así como: «Si tú no vienes, tendré que ir yo». Todo aquello se me hacía rarísimo.

—No sé qué hay de raro en que tu tía te visite. Somos familia, ¿no? —dijo ella, como si acabara de leer mis pensamientos.

—Es verdad.

—Pues eso. ¿Dónde estás? ¿No piensas decírmelo?

—Vivo en Sants.

—Ah, mira qué bien. ¿Cerca de la estación?

—Al lado.

—Un lugar estupendo, cariño. Y muy cómodo. Iré en tren. Te aviso, ¿vale? Y nos invitas a tomar un café.

—¿A ti y a quién?

—Ay, a nadie, ¿a quién va a ser? Qué preguntón te has vuelto, tú antes no eras así. Anda, deja de imaginarte cosas raras, que solo tengo ganas de ver a mi sobrino favorito.

Iba a recordarle que soy su único sobrino, pero ya había colgado, urgida por sus prisas de siempre. Creo que no recuerdo una sola vez en que mi tía Carmen no tuviera mucha prisa.

Me quedé pensando un momento, aún con el teléfono en la mano. Aquella llamada era la cosa más rara que había hecho mi tía en toda su vida.

Volví a analizar mis opciones del principio. Estaba claro que la llamada de mi tía Carmen tampoco había sido por los motivos 1 y 2. Según parecía, ni mi padre ni mi tío habían muerto. Entonces, solo me quedaba la opción 3: Alguna cosa muy chunga estaba ocurriendo.

La pregunta era: ¿qué cosa, exactamente?

Emoticonos

«Buenos días. ¿Qué haces hoy?».
«Estoy cabreada».

Apareció una cara colorada, furibunda y con el ceño fruncido.

«¿Qué te pasa?».

«Que mis padres han tenido la maravillosa idea de ir a pasar las Navidades a Madrid, con mis abuelos».

«Vaya. ¿Cuándo te vas?».

«El 22».

«Pensaba que nos veríamos en Navidad».

«Yo también».

«¿Y no puedes quedarte? Tienes que estudiar».

«Mi madre no me deja. Dice que la Navidad es para pasarla en familia».

Una fila de ocho caras furibundas apareció bajo la última frase, como un ejército de cabreados.

«Tiene razón», añadí. «Suponiendo que tengas familia».

Apareció una cara que reía a carcajadas.

«Yo no quiero ir. Quiero estar contigo».

«¿Cuándo volverás?».

«Después de Nochevieja».

Eran noticias pésimas. Yo también tenía la esperanza de poder verla en Navidad, aunque fuera poco tiempo y bajo la supervisión de su madre.

Envié la cara triste. No la que llora en una mueca grotesca, la que mira hacia abajo y parece abatida. Así me sentía en aquel momento.

Xenia escribió: «Te echo de menos».

Y añadió un corazón rojo que latía.

«Yo también. Pero queda un día menos».

Tres caritas sonrientes.

«¿Qué plan tienes hoy?».

«Uno muy original: estudiar, estudiar y estudiar. ¿Y tú?».

«Voy a visitar a un amigo».

Otra carita sonriente.

«Qué suerte».

«¿Yo? ¿Por qué?».

«No. Tu amigo».

Otro corazón rojo y palpitante.

«Me tengo que ir. Lo siento».

Contesté con un bombardeo de corazones rojos. Cuarenta y ocho corazones perfectamente alineados, como en una caja de bombones.

106

Paula me dio el nombre y la dirección del hospital. Me salté un día de clase para ir a visitar a Hugo. En recepción me informaron de que estaba en la primera planta, habitación 106. En lo alto de la escalera vi un rótulo que decía: «Planta 1. Salud Mental».

La puerta de la habitación de Hugo estaba abierta. Dentro había una sola cama junto a una ventana con rejas y un sillón para las visitas. Hugo estaba solo y tenía los ojos cerrados. Parecía dormido, respiraba profundamente. Estaba atado a la cama por los tobillos y las muñecas. Llevaba una ridícula bata de color celeste. Me quedé de pie frente a él, procurando entender, tratando de no hacer ruido para no despertarle.

De pronto abrió sus ojos sin vida y preguntó.

—¿Éric?

Os juro que no sé cómo lo hizo, pero se dio cuenta de que yo estaba allí sin que yo abriera la boca.

—Tío, ¿cómo sabes...? —pregunté.

—Llevas colonia de bebé. No hay nadie más en el mundo que lleve colonia de bebé, salvo los bebés, y esos arman mucho ruido.

Parecía cansado. Cabreado. Triste.

Me acerqué a él.

—¿Qué ha pasado, tío? —pregunté—, ¿qué has hecho?

—Nada. No he podido hacer nada... —Torció la boca en una mueca de frustración—. No tenía ni idea de que estaban restaurando la puta fachada. No sabía lo de los andamios. Y ya ves, ahora estoy peor que antes.

Movió las manos para que reparara en las correas que le sujetaban a la estructura metálica de la cama.

—¿Por qué te han atado?

—Porque ayer casi conseguí fugarme —se echó a reír—. Me levanté de la cama, eché a andar por el pasillo y llegué hasta la puerta del hospital. Husmeé el aire fresco y el olor del césped recién cortado. Casi los había olvidado. ¿Sabes que tardaron un buen rato en encontrarme? Aquí son todos unos inútiles. Dicen que no me vieron, ¿qué te parece? ¡No vieron al ciego loco! —y se echó a reír más fuerte.

Yo también me eché a reír. La situación me pareció cómica, a pesar de todo.

Entonces me di cuenta de que alguien nos miraba desde el pasillo. Adela, apoyada en el marco de la puerta, parecía exhausta y destrozada. Era evidente que había llorado. Me miraba muy seria, como si me recriminara algo. Tal vez mi presencia allí, o que me estuviera partiendo de risa.

—Mi madre ha pedido que me aten —añadió Hugo, pasando de la risa al resentimiento en décimas de segundo—. ¡Le gusta tenerme prisionero!

—Seguro que tus padres lo están pasando fatal —dije, bajando la voz para que Adela no me oyera.

—¡Soy yo quien lo está pasando fatal! —levantó mucho la voz y también remarcó mucho el «yo»—. ¡Mi vida es una mierda! ¡Nadie se da cuenta!

Yo sí me daba cuenta. Desde hacía mucho.

—Si te apetece, puedo venir esta tarde a leerte un rato.

—Paso, tío. No quiero libros. No me puedo concentrar.

—Entonces, traeré algo muy fuerte.

Se recostó en la almohada, ladeó la cabeza, cerró los ojos.

—¿Muy fuerte? ¿Qué será? ¿Literatura erótica?

—No. Algo mejor.

—No hay nada mejor.

—Bueno, por lo menos déjame intentarlo.

—Haz lo que quieras. Eres más cabezota que yo.

Hugo tenía una virtud. Escuchaba. A veces fingía que no le interesaba, pero escuchaba lo que tenías que decirle.

—Gracias por lo de cabezota —dije.

—No era un cumplido.

Me quedé un rato más, intentando encontrar algo que decir. Luego salí. Adela seguía en el pasillo, con cara de no haber dormido. Era la viva imagen de la desolación. Me detuve frente a ella, en silencio. Ella tampoco dijo nada, pero no importó, como si ambos supiéramos que algunos silencios contienen todas las palabras que no somos capaces de decir.

Misterio

Llevaba poco tiempo trabajando en casa de Hugo cuando un día Jaime se ofreció a llevarme a casa en coche. Estaba diluviando, así que acepté. Bajamos al aparcamiento en el ascensor privado. En una de sus plazas descubrí un ciclomotor destartalado y sucio. Tenía rotas las luces de un lado y seguramente también el caballete, porque estaba apoyado contra una pared. Pregunté de quién era y Jaime se limitó a responder:

—Es una historia muy larga.

Unos días más tarde, en uno de nuestros recesos para ir al baño, le pregunté a Hugo:

—¿Es tuya la moto que hay en el aparcamiento?

Tardó un poco en contestar.

—¿Cuándo has bajado al aparcamiento? —preguntó.

Le conté lo del día que llovía. Creo que le sentó mal.

—A ti qué te importa —contestó—. No te metas.

Seguí leyendo (estábamos con *Moby Dick*, que nos gustaba solo a ratos) y no volví a sacar el tema.

Hasta varias semanas más tarde, me olvidé del ciclomotor. Fue Adela quien volvió a hablarme de él, un domingo a mi hora de salir. Me preguntó si tenía un momento, si podíamos hablar. Entramos en la biblioteca, el lugar de las reuniones importantes. Me pidió que me sentara en el sofá y espetó:

—¿Tú sabrías conducir la moto que tenemos en el aparcamiento?

—Nunca he conducido ninguna.

—Ah, vaya —creo que le sorprendió mi respuesta—. Pero ¿podrías aprender?

Ahora el sorprendido fui yo.

—Supongo —dije—. Sé conducir coche y montar en bici. ¿Tendría que llevarla a alguna parte?

—Por mí, podrías echarla por un barranco —murmuró—, pero mi marido prefiere devolverla.

—¿Devolverla? ¿Adónde? —pregunté.

—No es adónde, sino a quién —musitó, como hablando para sí.

Se quedó absorta en sus propios pensamientos durante unos segundos. Luego se levantó, dando por terminado nuestro encuentro.

—¡En fin! No podemos arriesgarnos a que te pase algo. Ya pensaremos otra cosa —dijo, caminando hacia la puerta y sonriendo con gratitud—. Gracias por quedarte un poco más, Éric. Estamos muy contentos contigo.

Esta confianza repentina me animó a formular la pregunta que llevaba pensando desde hacía tiempo.

—¿Qué pasa con la moto?

Pero Adela volvió a sonreír, me estrechó la mano y dijo exactamente lo mismo que había dicho Jaime unas semanas atrás:

—Es una historia muy larga.

Debía de serlo, si ninguno de los dos quería comenzar a contarla.

Normas

Hace un tiempo aprendí que a veces es necesario romper las normas.

Al salir del hospital, caminé hacia el metro. Línea azul. La que Xenia tomaba cada día para ir a la facultad. En algún punto del trazado de aquella línea estaba la persona a quien más amaba del mundo. Cada vez que la utilizaba pensaba en ella. Sí, sí, ya sé que es una cursilada, pero qué queréis, el amor es la única buena excusa que existe para ponerse cursi.

Ni lo pensé. Me salté mi parada y continué por la línea azul. Hasta la facultad de Medicina. Caminé decidido a través del vestíbulo y del campus, en dirección a la biblioteca. Me gustaba aquel ambiente. Gente de mi edad o algo mayor, con sus carpetas de la universidad, hablando de los exámenes, de asignaturas, de profesores... Se percibían el nerviosismo y la alegría que precede a las vacaciones. En mi barrio ir a la universidad era algo inalcanzable. A nadie se le ocurría ni pensarlo. Tal vez sea lo lógico: si no tienes una vida medianamente normal, mejor no pienses en estudiar. La infelicidad y el estudio son actividades que requieren todo tu tiempo. Por eso son incompatibles.

Siempre me dieron mucha envidia los empollones. Quería ser como ellos. Al verlos, pensaba: para ti es fácil, tú tienes una vida sencilla, puedes emplear toda tu energía en ser el mejor de la clase. Más tarde descubrí que se me daba bien estudiar. Comencé a pensar que podía intentarlo. Supe que algunas cosas pueden salvarte de otras. Y ahora que solo me faltaban unos pocos meses para matricularme en la universidad y cumplir mi gran sueño, acababa de descubrir que mi complejo de inferioridad continuaba intacto.

Recorrí una por una todas las áreas de la biblioteca buscando a Xenia, pero no la encontré. Me llevó un buen rato, porque es un lugar bastante grande. Ya me iba, bastante decaído, cuando recordé lo que me había contado de sus clases particulares. Los de tercero las impartían en el bar de la facultad, que estaba una planta más abajo. No tardé ni cinco minutos en llegar.

Al principio no la vi. O sería más exacto decir que no me fijé en ella. O tal vez que no me pareció ella la chica de la mesa del rincón. No podía ser Xenia la que reía a carcajadas al lado de un tío con bata blanca, con un flequillo rubio perfectamente peinado hacia un lado, bastante guapo y bastante mayor que ella. No podía ser Xenia la que se dejaba agarrar la mano por él, a la vez que se acercaba a su oído para decirle algo que también debía de tener gracia, porque él también se echaba a reír. No podía ser mi chica la que ni siquiera reparó en que yo la estaba mirando, sin creer lo que veía, porque parecía que en aquel momento nada de lo que ocurría en el mundo le importaba. No podía ser Xenia (*mi* Xenia) la que no tenía ni un libro ni un apunte sobre la mesa, sino un refresco de cola, y no parecía nada preocupada por no estar estudiando, sino que miraba a su acompañante con los ojos como platos, y le dejaba hablar y hablar, hasta que de pronto soltaba una risita, se ponía colorada, se acercaba a él y le besaba en la mejilla. No, no podía ser ella.

Sin embargo, lo era.

Maldita sea, lo era.

Me quedé un buen rato más, no sé cuánto, con el corazón galopando dentro de mi pecho, sintiéndome cada vez más y más pequeño, hasta que comprendí que debía irme.

Antes, hice una tontería: les tomé una foto. Enfoqué bien la mesa, acerqué el zum, disparé. La imagen congeló sus risas, sus gestos de complicidad, sus confidencias, su tranquilidad. Sin saberlo, también congeló mi rabia, mi humillación, mi estupidez.

Mientras regresaba al metro pensé que tal vez de niño no estaba tan equivocado. Nunca había sido como ellos, los que lo tienen fácil en la vida, y tal vez nunca lo sería. Hay gente para quien lo normal es ganar, salirse con la suya, tener éxito, quedarse con la chica guapa.

Pensé que no debería haber roto las normas. Igualmente, la gente como yo no suele tener ninguna posibilidad de ganar.

Cáscaras

Omar regresó un poco antes de lo que había dicho y trajo una tele de sesenta pulgadas.

—¿De dónde la has sacado? —le pregunté.

—Me la ha regalado un colega, tío, ¿a que mola?

La llevó al salón, la dejó sobre la única silla, la acercó a un enchufe. Miró alrededor.

—Necesitamos un par de sillones, tío —dijo.

Después de enchufarla, sacó de su mochila un mando a distancia y pulsó varias teclas. En la pantalla apareció una barra de sintonización. Nos quedamos los dos atontados viendo cómo los distintos canales iban añadiéndose a nuestras posibilidades futuras.

—Hoy hay fútbol —dijo, emocionado, mientras sacaba de su mochila una bolsa gigante de pipas y un paquete de seis cervezas sin alcohol.

A mí aquello no me gustaba nada. No me gustaba que viniera a mi casa sin avisar. No me gustaba que se comportara como si fuéramos compañeros de piso. Y mucho menos aún, que trajera electrodomésticos.

—¿Quién es ese colega tuyo tan generoso? —insistí.

—Uno que me debía un favor.

Cuando la tele terminó de buscar canales, Omar pulsó algo y apareció el partido de fútbol. Rompió la bolsa de pipas y echó un buen puñado en el suelo, se abrió una lata de cerveza, se quitó los zapatos y se tumbó sobre las baldosas con la cabeza apoyada en la mochila. Le apestaban los pies.

—Hay que pensar en los sillones, tío. Así no puede ser —dijo, y se concentró en ver el partido y comer pipas a toda velocidad, mientras iba dejando las cáscaras en otro montón, también en el suelo.

El crujido de cada cáscara al partirse me ponía nervioso.

Yo no tenía ganas de ver la tele. Tampoco de beber cerveza ni de comer pipas. Además, el fútbol no me gusta. Solo podía pensar en

Xenia y en su amigo. Me sentía traicionado, triste, vulnerable como un animal herido.

—¿La tele es robada? —le pregunté a Omar, aunque era evidente que lo era.

Mi colega ni siquiera me miró. Estaba atento a una jugada que de pronto se volvía peligrosa. Como no me contestó, continué:

—No seas idiota, colega. Si empiezas otra vez a robar, te pasarás la vida en la cárcel. Tienes que buscarte un curro decente.

—Tranquilo, tío, está todo controlado —contestó, con los ojos fijos en la pantalla.

No me gustaba que llenara el suelo de mi casa de cáscaras de pipas. No me gustaba aquel olorcillo a roquefort que se expandía por todas partes. No soporto el desorden, ni la suciedad, ni el ruido, ni a la gente que no sabe comportarse (y eso incluye a la gente que hace ruidos molestos). Intenté interesarme por el fútbol, pero fue en vano. En mi cabeza solo había un pensamiento: Xenia, Xenia, Xenia. Creo que comenzaba a obsesionarme. La montaña de cáscaras vacías crecía a una velocidad increíble. Si un día alguien convoca un concurso de comer pipas a toda velocidad, Omar debería presentarse.

Me fui a mi cuarto y cerré la puerta. Me pasé un buen rato mirando fijamente la foto que había tomado en la cafetería de la universidad. Cuanto más miraba la risa de sus dos protagonistas, más amenazante me parecía. Como si se estuvieran riendo de mí. Llevado por la rabia, le propiné un puñetazo a la pared. Dolió, me hice sangre en los nudillos. El dolor me calmó un poco. Volví a mirar la foto. Bastante rato más. La mancha negra de los celos comenzaba a devorarme, aunque aún no me daba cuenta.

Así estuve hasta que entraron tintineando dos mensajes: uno de Xenia y otro de mi tía Carmen. Empecé por el segundo, que decía: «Mañana iré a visitarte. Te invito a lo que quieras».

Eliminado

El mensaje de Xenia decía: «Te echo de menos».

«¿Qué tal el día?», le pregunté.

«Mal. Estudiando sin parar».

Sentí que un calor cargado de ira me subía por la garganta. Quería escribirle algo. Muchas cosas. Quería contenerme. Y a la vez tenía ganas de gritar. Una vocecilla dentro de mi cabeza decía: «Te engaña porque eres poco para ella, porque tarde o temprano tenía que encontrar a alguien que le gustara más que tú».

Escribí varias frases: «¿Quién era el chico que hoy...?», «¿Has ido a la cafetería por casuali...?», «¿Dónde estabas a las...?». Las borré todas antes de enviarlas.

De pronto dejé de sentirme enfadado y me sentí fatal. Más triste que nunca. Escribí: «Si un día dejaras de quererme, ¿me lo dirías?».

Su respuesta fue rapidísima: «Nunca dejaré de quererte, Éric».

Y luego, un corazón que latía, como siempre.

Mis dedos comenzaron a moverse a toda velocidad por el teclado digital de mi teléfono. Escribí un mensaje muy largo. Decía: «Yo sé que algún día dejaré de importarte y encontrarás a alguien que realmente se parezca a ti, que forme parte de tu mundo, que les guste a tus padres y no les dé miedo. El día que eso ocurra, habrán dejado de existir todas las razones por las que valía la pena estar en este mundo. Solo quiero que seas lo bastante valiente para decírmelo, Xenia. No dejes que lo descubra yo, por favor. No podría soportarlo».

Enviar.

Una milésima de segundo más tarde pensé: «Me he vuelto loco, ¿o qué?».

Busqué a toda prisa la opción «Eliminar». La pulsé.

«Eliminaste este mensaje».

Sentí un gran alivio.

Con un poco de suerte, tal vez Xenia no había tenido tiempo de leerlo. Me quedé esperando si había alguna reacción. Su siguiente mensaje decía: «Me muero de sueño».

Y a continuación, aparecieron seis corazones de colorines, tan perfectos y alineados como si nada ocurriera, seguidos de ese emoticono que dice: «Zzz».

Angelitos

Entro en la habitación de Xenia por primera vez. La mesa está inundada de apuntes y libros. La cama, deshecha, tiene una colcha de mariposas de colores. Hay una estantería repleta de peluches y muñecas. En otra hay una colección de libros sobre el universo.

Xenia cierra la puerta y su cuarto se convierte en un universo para dos organismos que no necesitan a nadie. Todo ha dejado de existir, de moverse. No hay ruido. Se ha abierto un paréntesis. Dentro solo estamos Xenia y yo. Me acerco a ella despacio y la beso. Ella respira un poco más fuerte. Sus labios son suaves y su aliento huele a menta. Mis manos se posan con cuidado en la cintura de sus vaqueros. Su piel está tibia, como el aire, como mi corazón, como todo lo que ha quedado de este lado de la puerta. Avanzo hacia su espalda, subo hacia sus omoplatos sorteando la tira del sujetador, llego a sus hombros. Ella se estremece. Es solo un segundo, un temblor imperceptible, que me asusta a mí también. Siento una felicidad nueva, distinta. Cierro los ojos, huelo, me dejo rodear por todas esas sensaciones. Si ahora mismo me quedara ciego, nada cambiaría, pienso. Tal vez las cosas más importantes de nuestra vida son aquellas que podemos hacer igual con los ojos cerrados. Xenia se pega más a mí, me besa en la mejilla, se acerca a mi oído y susurra, haciéndome cosquillas con su aliento:

—¿Quieres...?

Siento una especie de pánico agradable. Un cosquilleo que me recorre de los pies a las orejas. En realidad, no sé lo que siento. Ni qué hacer. Xenia vuelve a rozarme con su aliento tibio cuando me pregunta:

—¿Tú alguna vez has...?

—No —me apresuro a responder, temiendo decepcionarla—, ¿tú?

—¿Yo? Qué va.

Se nos escapa a los dos una risilla tonta.

—Somos dos pardillos —digo.

Ella ríe otra vez. Su risa me alivia. La quiero más que a nadie en el mundo. Solo trato de descubrir el mejor modo de demostrárselo.

En este momento, a nuestro universo se le abre una grieta del tamaño de su madre. Del susto, damos un respingo doble.

—¿Me ayudáis a decorar el árbol? —dice, asomando la cabeza por el resquicio de la puerta—. ¡He comprado unos angelitos monísimos!

Xenia y yo nos quedamos petrificados.

—Claro, mamá, ya vamos —dice Xenia.

Cuando la madre se marcha a prepararlo todo, Xenia se pasa el dorso de la mano por los labios y me agarra de la mano. Salimos de la habitación poniendo mucho empeño en tratar de parecer criaturas inocentes. Angelitos, también nosotros, como los del árbol.

—Cierra la puerta —me pide ella.

Y yo lo hago, como quien cierra un paréntesis inútil.

Luego suena el móvil y es mi tía.

—Hola, Éric, cariño, ¿estabas durmiendo?

Hay sueños de los que no se debería despertar.

Hay sueños que sería mejor no haber tenido.

Cruasán

—Hola, Éric, cariño, ¿estabas durmiendo? —Un silencio, para darme tiempo a reaccionar, pero yo no puedo, no quiero, deseo quedarme donde estoy, en mi universo bipersonal del que acaba de arrancarme su llamada—. ¿Éric? Soy tu tía. ¡Son las doce y cuarto! Ya son horas de levantarse, ¿no crees? Estoy aquí, sentada muy a gusto en una terracita muy linda que hay detrás de la estación de Sants, tomando una cerveza. ¿Por qué no te acercas a desearme felices fiestas, cariño?

—¿Ahora? —me froté los ojos y traté de salir de la cama.

—¿No es buen momento? ¿Qué pasa? ¿Hay que apuntarse en alguna lista para verte?

La voz de la tía Carmen rebosaba alegría pero era tan tajante como siempre. Cuando se le mete algo en la cabeza, es imposible negarse.

—Ya voy, tía —conseguí decir—. ¿Dónde dices que estás?

Omar no estaba en casa. No había notas, ni mochilas. Me extrañó. ¿Tal vez se había ido? La verdad, en aquel momento no me importaba mucho.

Me vestí sin ducharme y con la ropa del día anterior. En la calle hacía frío y estaba nublado. Me subí la capucha, hundí las manos en los bolsillos. No tenía ganas de ver a nadie.

El bar donde me esperaba mi tía estaba a cinco minutos de mi casa. Distinguí su presencia desde la distancia y también reparé en que no estaba sola. La acompañaba otra mujer algo mayor que ella. Solo al acercarme reparé en los detalles: morena, pelo estropajoso, piel reseca, uñas demasiado largas y pintadas de rojo, demasiado escote, demasiado maquillaje. Me resultó repulsiva solo verla, a saber por qué.

—¡Cariño! ¡Cada vez estás más alto! —Mi tía me besuqueó muy ruidosamente, como siempre. Me dio un poco de vergüenza. Luego se giró hacia la otra mujer y me dijo—: Te presento a Maite, una amiga de toda la vida que ha venido a pasar las Navidades.

Maite se levantó para saludarme con dos besos en las mejillas, pero yo le di la mano. No me gustaba cómo olía, no quería que se me acercara a menos de medio metro. No pareció extrañarse. Tenía una sonrisa triste y la mirada aguada, como la de las merluzas en las pescaderías.

—¿Has desayunado? —preguntó mi tía, indicándome la silla libre, que estaba justo entre ellas.

—Aún no.

—Pide lo que quieras —llamó a la camarera con un gesto exagerado y le dijo—: El chico no ha desayunado.

Pedí un café solo.

—Pide un bollo. ¿Tenéis cruasanes? —preguntó mi tía a la chica, y antes de que ella pudiera contestar añadió—: ¿Y bocadillos? ¿Tenéis? ¿De qué? ¿De tortilla? —y a mí—: ¿Quieres un bocadillo de tortilla, cariño?

—Un café solo, gracias —le dije a la muchacha, que no sabía qué hacer ni a quién obedecer.

—Y un cruasán —añadió mi tía—. ¿Lo quieres de chocolate? ¿Tenéis de chocolate?

La chica asintió, apuntó algo y se marchó sin que yo dijera nada ni supiera qué iban a traerme. En cuanto nos quedamos a solas los tres, mi tía me miró con aquella cara de orgullo bobalicón que se le pone a veces y dijo:

—Caray, Éric, pareces otro —dijo—. ¡Qué buen aspecto tienes!

Sonreí. La amiga de mi tía me ponía nervioso. Me miraba muy fijamente. Parecía triste, o colocada o borracha o quién sabe. Decidí no mirarla.

—Bueno, cuéntame —dijo mi tía.

—¿El qué?

—Cómo te va.

—Bien.

—¿Los estudios?

—Bien.

—¿Apruebas?

—Claro.

—¿Y el trabajo?

—También bien.

—¡Eso es bueno! —soltó ella—. Nosotros también estamos bien. Tu padre va tirando. Un poco achacoso, el pobre. Creo que te echa de menos.

A veces me sorprende la capacidad de mi tía para creerse sus propias películas. Mi padre, y ella lo sabe, no puede echar de menos a nadie, porque nunca ha tenido a nadie.

Mi tía prosiguió. Me puso al corriente de las novedades en las vidas de mis primas (que no me interesaban lo más mínimo), se lamentó de no saber nada de Marcelo y terminó bajando la voz para decir:

—Nicolás Medina murió, pero eso seguro que ya lo sabes, ¿verdad?

Asentí.

Me trajeron un café solo y un cruasán de chocolate, que puse a un lado. Me bebí el café sin echarle azúcar, ante las protestas de mi tía, que hablaba de crecer y de alimentarse bien mientras se daba el estirón.

—Yo ya he terminado el estirón, tía —le dije.

—¡Pues no! Los chicos crecen hasta que se casan —dijo ella.

—Pues entonces creceré hasta que me muera —respondí.

Hablamos un rato más, hasta el límite de mi aguante. De todo y de nada: del cambio que significaba para el barrio el relevo en el clan de los Medina, de sus ganas de retirarse, del dolor de espalda del tío Anselmo, del nuevo color con el que iba a pintar las paredes de su bar (que se llama Carmen, como ella), de las monadas que hacían sus nietos... Escuché con mucha paciencia, siempre bajo la atenta mirada de su amiga, que me observaba como si nunca hubiera visto a una persona de dieciocho años, hasta que comencé a sentir que no podía más y puse una excusa (que en realidad no lo era).

—Me voy, tía, tengo trabajo.

—¿Te vas? ¿Tan pronto?

Puso cara de tragedia.

A mí me parecía que había aguantado muchísimo. Me levanté. Maite la rara me imitó. Se acercó para darme dos besos. La esquivé, le tendí la mano. Desvió la mirada. Frunció los labios en una mueca indescifrable. Creo que se sintió mal. Peor me hubiera sentido yo de tener que besarla. Parecía una prostituta vieja. Me pregunté qué estaba haciendo mi tía con ella, de dónde la había sacado.

—Me hubiera gustado que te quedaras un

poco más —dijo mi tía, dándome un abrazo (que no rechacé).

—Tengo prisa —dije.

—Claro, hijo.

Entonces mi tía tuvo lo que pareció un arrebato súbito de cariño, me puso las manos en las mejillas y se abalanzó sobre mí, como si fuera a darme un beso. En realidad, se acercó a mi oído y dijo, bajito y rápido, para que su amiga no la oyera:

—Maite es tu madre. Quería verte. Se está muriendo.

Luego sonrió como si no pasara nada y me dejó ir. Pero antes envolvió el cruasán en una servilleta de papel y dijo:

—Llévatelo para el camino.

Me alejé a toda prisa y sin mirar atrás.

Madre

Lo que siempre supe de mi madre:

Que se llamaba Teresa. Que no se llevaba bien con la familia. Que de joven era muy guapa. Que bebía hasta caerse redonda. Que una vez tuve que sacarla de la bañera yo solo (yo tenía siete años). Que se marchó poco después. Que siempre se le dio bien ligarse a todo tipo de hombres. Que por eso se hizo prostituta. Que vivía en Londres. Que una vez me mandó una postal para felicitarme la Navidad y llegó en febrero. Que mi padre aún pensaba en ella. Que nunca se llevaron bien, pero igual no era su culpa, porque se casaron muy jóvenes, y creo que ella ya estaba embarazada. Que ella tuvo algún lío con Horacio Medina. Que nunca sintió la necesidad de regresar, ni de escribir otra postal, ni de llamar por teléfono. Es decir: que no pensaba en mí. Debería haber empezado por ahí. Cuando tu madre no piensa en ti, te parece normal que nadie lo haga.

Lo que nunca supe de mi madre:

Si alguna vez me quiso. Si alguna vez quiso a mi padre (o a alguien). Por qué se casó con él. Por qué se marchó. En qué consistió su lío con Horacio Medina. Si por casualidad sabía quién es mi padre. Si pensaba volver algún día. Si el día que volviera yo sería capaz de quererla como los hijos quieren a sus madres.

De niño, inventaba mis historias. Supongo que como todos los niños. Pensaba que mi madre volvería. La imaginaba joven, guapa, cariñosa. La imaginaba preparándome el bocadillo todas las mañanas y contándome un cuento todas las noches. A veces me dormía pensando en ella. A veces también soñaba con ella. Eso fue durante unos años. Luego dejé de hacerlo. También dejé de desear que regresara. De pronto, un día me di cuenta de que no me acordaba de su cara. Y que no podía quererla. Y que ella se lo había buscado.

Valentina

Pocos días después de la misteriosa reunión sobre el ciclomotor del aparcamiento, Adela volvió a llamarme a la biblioteca.

—Necesito pedirte un favor, Éric —dijo, y esperó mi reacción, que se limitó a un movimiento afirmativo de cabeza—. Necesito que vayas a ver a la propietaria del ciclomotor y le digas que venga a por él.

—¿La propietaria? —De pronto me daba cuenta de que me había perdido algo.

—Valentina. En este papel te he apuntado su nombre completo y las señas del instituto donde puedes encontrarla. Es el mismo al que iba Hugo antes de... Antes de todo esto.

Me guardé el papel en el bolsillo.

—Por favor, dile que si no viene a buscarlo tendremos que deshacernos de él. Y no le des mucho tiempo. Quiero terminar con esto lo antes posible.

No hice preguntas. No me pareció que Adela tuviera muchas ganas de dar explicaciones. Ya estaba a punto de cerrar la puerta cuando Adela recordó algo más.

—Éric, disculpa —me llamó—. Olvidaba decirte que no debes contarle nada de esto a Hugo. Este es un asunto entre tú y yo, ¿de acuerdo?

Comenzaba a acostumbrarme a sus misterios.

—De acuerdo —dije, cerrando la puerta.

El «instituto» de Valentina (y de Hugo) era, en realidad, un colegio americano carísimo situado en una avenida con árboles en la zona más privilegiada de la ciudad. Desde la entrada se oía cantar a los pájaros, se veía el mar y el aire parecía más limpio que en otros barrios. Llegué cuando las clases de la tarde estaban a punto de terminar y la puerta estaba cerrada a cal y canto. Junto a la entrada había un par de jardineras con flores y un conserje en una garita que parecía muy ocupado clasificando correspondencia. Le pregunté por Valentina, pero se limitó a decirme que esperara a que terminaran las clases.

Curioseé un rato por las instalaciones del colegio (que incluían pistas de pádel y piscina) hasta que sonó el timbre. Me acerqué a la garita del vigilante y esperé mientras comenzaban a salir los estudiantes, todos de uniforme, todos guapos y limpios y perfectos como si fueran de plástico.

De pronto el conserje me miró y señaló a una parejita que se acercaba por el pasillo principal. Él era un pecoso pelirrojo que parecía salido de una película de Harry Potter. Ella era la chica guapa, rubia y de pelo corto de la foto que tenía Hugo en su habitación.

Me planté delante de ella y le dije:

—Hola, Valentina. Soy Éric. Necesito hablar contigo un momento.

Ella me miró con curiosidad, sin comprender.

—¿Te conozco? —preguntó.

—Soy amigo de Hugo —añadí.

Me pareció que el nombre de su exnovio la incomodaba. Adoptó una seriedad extrema. Se puso a la defensiva:

—¿Qué quieres?

—Es sobre tu moto. Adela quiere que vayas

a buscarla. Durante los próximos días, si puedes. Lamenta no habértelo dicho antes.

Valentina se giró hacia el chico pelirrojo, tan seria que daba miedo:

—¿Te importa esperarme fuera? —le preguntó.

Él se alejó sin quejarse y sin despedirse, como un perrito amaestrado. En cuanto nos quedamos a solas, ella esbozó una sonrisa falsa, como la que usa la gente para rechazar una invitación a algo que en realidad no le apetece.

—No importa, de verdad. No pasa nada. Dile a Adela que no se preocupe —dijo.

—¿No quieres tu moto? —pregunté. Ahora el perplejo era yo.

—Bueno... No... En realidad, prefiero no ir. No sabría qué decir. No soy muy buena consolando a la gente —noté que se ponía nerviosa y que comenzaba a balbucear—: Todo lo que pasó me da un mal rollo... Es un palo. Hablar de cosas chungas siempre es un palo, ¿no? Además, mis padres me compraron otra moto. Nada más saber que Hugo había destrozado la mía. Bueno —intentó rectificar un poco—, nada más enterarse de lo del accidente. Les afectó mucho. Les caía muy bien Hugo. Pero es que mis padres no soportan las cosas rotas —soltó una risita tonta.

—¿Y tus padres te compraron también otro novio? —miré al pelirrojo, que esperaba junto a la puerta.

Creo que mi pregunta la ofendió.

—Estábamos hablando de la moto —dijo, muy seria de pronto—. Esa pregunta sobra.

—La retiro, perdona —contesté.

—Además, yo puedo salir con quien me dé la gana —se defendió—. No voy a quedarme con alguien solo porque ha tenido un accidente y me da pena, ¿no? ¿Tú querrías que yo saliera contigo por pena?

—Yo no querría salir contigo por nada del mundo.

—Eres un borde, pero te equivocas mucho conmigo. Yo escribí muchas veces a Hugo, que lo sepas. Después del accidente. Le envié muchos mensajes, de texto y de voz. Intenté consolarle, ser su amiga. Nunca me contestó a los mensajes. Fue él quien no quiso nada más conmigo.

—Qué alivio para ti, ¿no?

Su enfado iba en aumento a la misma velocidad que mi desprecio por ella. Me alegré de que ya no fuera novia de Hugo. Que no fuera nada de nada.

—Oye, vete a la mierda. Yo estoy hablando contigo educadamente. No tienes por qué faltarme al respeto.

—Perdona, es que no me enseñaron mucha educación.

—Ni otras cosas.

—Es verdad. En cambio, tú, que está claro que has recibido la mejor educación posible, ¿no pensaste que Hugo no podía leer tus mensajes porque no los veía? ¿O te dio lo mismo? Así tenías una excusa perfecta para marcharte sin ni siquiera despedirte de él.

—Vete a la mierda —zanjó, poniéndose como una fiera.

Cuando alguien se molesta en lugar de defenderse, es porque no tiene defensa posible.

El pelirrojo la esperaba junto a la verja de entrada sin hacer nada. Se limitaba a existir, igual que las nubes, las flores o las caquitas de los perros antes de que sus dueños las recojan del suelo y las echen en una papelera.

Interrogatorio

El sargento Roig en persona interrogó a Marcelo en las dependencias de una comisaría del centro de Barcelona, mientras una cámara lo grababa todo y Merche y yo supervisábamos la grabación desde un cuarto contiguo.

—¿Cuál era tu relación con Rubén López? —preguntó el sargento Roig.

—Salíamos.

—¿En calidad de..?

—No entiendo la pregunta.

—¿Erais algo más que amigos?

—Sí.

—¿Novios?

—No nos gustaba esa palabra.

—¿Cómo lo llamarías, entonces?

—Éramos pareja.

—¿Practicabais sexo?

—Esa es una cuestión personal. No quiero contestar.

—¿Tenías alguna otra relación mientras tanto?

—No.

—¿Y Rubén? ¿Sabes si tuvo relaciones con alguna chica?

—No le gustaban las chicas.

—¿Vivíais juntos?

—No.

—¿Cuánto tiempo duró tu relación con Rubén?

—Un año, más o menos. Aunque hacía mucho tiempo que éramos amigos.

—¿Cuánto tiempo?

—Desde que mi madre se enrolló con su padrastro.

—¿Conocías a todas las personas con las que se relacionaba?

—No.

—¿Te contaba sus planes?

—Algunas veces.

—¿Estabas con él la noche en que lo mataron?

—Sí.

—¿En esa época erais pareja?

—Sí.

—¿Presenciaste la partida de póquer que tuvo lugar en el bar Carmen antes de su asesinato?

—Participé en ella.

—No sabía que jugaras al póquer.

—Se me daba bien.

—En esa partida, ¿participó algún miembro de la familia Medina?

—Varios.

—¿Recuerdas quiénes eran?

—Lucas, Manuel, Jonathan... Al principio jugó Antonio, pero se tuvo que marchar.

—¿Ángel?

—Ese llegó después.

—¿Sabes si Ben mantenía relaciones comerciales con alguno de ellos?

—Les hacía creer que trabajaba para ellos.

—¿Y cuál era la verdad?

—Que vendía por su cuenta.

—¿Con quién trataba normalmente?

—Trabajaba para don Nicolás. Trataba con Horacio o con cualquiera de ellos. A veces las bolsas de droga las traían los más jóvenes. No sé cómo se llaman.

—¿Crees que le mataron por algo que tuvo que ver con el póquer o con la droga?

—El póquer fue solo la excusa.

—Entonces, tuvo que ver con la droga.

—Con el negocio.

—¿Qué ocurrió en la partida?

—Fue una partida normal.

—¿Quién ganó más dinero?

—Nosotros.

—¿Y ellos no se cabrearon?

—Siempre se cabreaban. Pero aquella noche acusaron a Ben de hacer trampas.

—¿Y no era verdad?

—No. En el póquer no.

—¿Y luego?

—Le llevaron al descampado de los aviones.

—¿Quiénes?

—Antonio y Lucas. Había un coche en la puerta. Conducía uno de los primos, no sé cuál.

—¿Podría ser Bernardo?

—No. Bernardo llegó más tarde.

—¿Llegó adónde?

—A la explanada de los aviones.

—¿Y tú? ¿Estabas allí por voluntad propia?

—Claro que no.

—¿Entonces...?

—Me obligaron.

—Después de aquello te fuiste del barrio.

—Sí.

—¿Por qué razón?

—Dijeron que si me quedaba me harían lo mismo que a Ben.

—¿Crees que lo habrían cumplido?

—Sí.

—Volvamos a la noche de la muerte de Ben. ¿Cómo te retuvieron allí contra tu voluntad?

—Me sujetaron dos tíos.

—¿Sabes quiénes eran?

—Uno era ese al que llamaban Bola de Grasa. Kevin Nosequé, un amigo de Ben. El otro era un Medina, pero no sé su nombre.

—A continuación te mostraremos el vídeo. Nos gustaría que señalaras a todas las personas que reconozcas y nos digas sus nombres. Las imágenes son duras. ¿Necesitas tomarte un descanso?

—Prefiero terminar.

—¿Estás preparado?

—Sí.

Marcelo prestó mucha atención a la pantalla.

No mostró emoción de ningún tipo. Señaló a los tíos que iba viendo, uno por uno. Pronunció sus nombres con mucha claridad: Antonio Medina, Lucas Medina, Bernardo Medina. También pronunció el nombre de Kevin. Y el de Ángel, cuya voz reconoció. Era el autor de la grabación. El sargento Roig, sentado a su lado, apuntó cuidadosamente los nombres en un cuaderno.

—Siete personas, contándote a ti —dijo Roig.

—De las cuales solo quedamos cuatro —masculló Marcelo, como si hablara para sí.

Cuando terminaron, el sargento dijo:

—Tu colaboración ha sido de gran ayuda, Marcelo.

Se estrecharon las manos. El sargento salió. Entró en la sala desde donde nosotros lo habíamos visto y escuchado todo. Quería asegurarse de que todo se había grabado correctamente.

En la pantalla, Marcelo se había quedado solo. Pensando que nadie le veía, se tapó la cara con las manos y comenzó a sollozar como un niño.

Merche

Conocí a Merche en una fiesta de Nochevieja, en la cárcel. La celebración de Fin de Año era una de las pocas ocasiones en que permitían que los chicos y chicas nos juntáramos. Me llamó la atención lo guapa que era, como a todos los demás. Vaya donde vaya, Merche siempre está rodeada de moscones. Tíos que solo piensan en arrojarse sobre ella.

En aquellos días, Merche estaba perpetuamente enfurruñada. Le quedaba muy poco para salir y sus opciones de futuro eran un desastre. No tenía familia que pudiera ayudarla, ni ningún lugar donde vivir. Estaba convencida de que su única posibilidad de salir adelante sería la prostitución, y eso la tenía de un humor de perros. Cuando volví a verla, era poli. La poli más guapa del mundo, seguro. Y una de las de mejor corazón, también.

Cuando Marcelo se echó a llorar, se volvió hacia mí y me dijo:

—Creo que debería ir a hablar con él. ¿Vienes?

—Mejor no.

La vi entrar en la sala. El equipo de audio había sido desconectado, así que no pude escuchar lo que le dijo. Pero vi los efectos que sus palabras tranquilizadoras causaban en Marcelo. Consiguió calmarle, que le escuchara, hacerle sonreír. Merche estaba aún más guapa cuando sonreía.

Recordé que a mí también me ayudó una vez. El día que salió en libertad me regaló su reproductor de música.

—Le sacarás más provecho tú que yo —me dijo.

Acertó de lleno. Su música me acompañó durante mucho tiempo, allí dentro. La música es uno de los mejores antídotos que existen contra la soledad. Lo descubrí gracias a ella.

Marcelo se marchó mucho más tranquilo. No quise despedirme de él. Pensé que preferiría no saber de mi presencia, seguir creyendo que yo no conocía sus secretos.

El sargento Roig nos convocó a una reunión. No solo a Merche y a mí, también a Paula y a todo su equipo, una veintena de personas, a quienes me había presentado el día que pasé por allí a ver el vídeo. El sargento nos informó de las líneas de investigación en que se estaba trabajando. Nos contó los cambios que se estaban produciendo en el clan de los Medina. Habló de estrategias y prioridades de su departamento. Por supuesto, la primera: cazar a los Medina ahora que parecían más desorganizados que nunca. Se nos hizo tarde.

Hacía mucho tiempo que Merche y yo teníamos una conversación pendiente. Le propuse ir juntos a almorzar al bar de la esquina. Yo pedí una hamburguesa doble; ella, una ensalada. En la tele se veían imágenes de los ganadores de la Lotería de Navidad, eufóricos de alegría. Merche comenzó a contarme su historia:

—Cuando salí, no tenía nada ni a nadie. Tampoco tenía ningún sitio adónde ir. Dormí varias semanas en un albergue municipal para gente sin techo. Encontré trabajo de chica de la limpieza, en casa de una familia con niños pequeños, pero me echaron cuando supieron que había estado en la cárcel. Me deprimí y pasé varios días en la calle, sin comer. Cuando por fin me decidí a volver al albergue, me ofrecieron trabajo como limpiadora. Creo que les di pena. El sueldo era una miseria, pero me daba para comer y comprarme algo de ropa en algún mercadillo. Me sentía fatal. Lo único que tenía claro era que no quería terminar en la calle. Me apunté a un curso de esos del paro. Uno de personal de la limpieza. Me salió un trabajito temporal en el aeropuerto. Era un asco pasarse el día fregando váteres, pero por lo menos cobraba un poco más. Allí fue donde conocí al sargento. Estaban persiguiendo a unos traficantes de droga. Me preguntaron si había visto algo. Pude ayudarlos. No sé qué vio en mí, pero, gracias a él, hoy llevo este uniforme.

—¿Te ayudó?

—Empecé de informadora. Fue Roig quien me dijo que podía aspirar a más. Me informó de lo que debía hacer. Al principio yo no me veía capaz. Siempre fui un desastre con los estudios. Pero había pasado el tiempo, además de muchas cosas, y ocho horas al día limpiando váteres te dan muchas ganas de pensar en el futuro. Un día me dije: «¿Y por qué no? Si otros lo han logrado, yo también puedo». Y me decidí a pedirle ayuda a la única persona de quien sabía con seguridad que iba a ayudarme. Y lo hizo.

—¿Carlos?

Asintió en silencio.

—Me prestó el dinero para pagar la academia y los exámenes, y me animó cada vez que pensé en dejarlo todo. Sin él no lo hubiera conseguido.

Sonreía.

—Carlos es un buen tío —dije—. Y tú, muy valiente.

—No quería un futuro lleno de váteres sucios —rio, comió un bocado de hojas verdes—. Ahora te toca a ti. Cuéntame tu historia.

Le hablé de Kevin, de mi abogado, Alberto, de los Medina, de Ben, de mi tía, de mi barrio, del póquer, de la redada donde nos volvimos a ver y de Hugo. Le conté su intento de suicidio, le hablé de Valentina y hasta de Jaime y

Adela. Por alguna razón, no le hablé de Xenia. Ella me escuchó con mucha atención, con el ceño un poco fruncido. Parecía impresionada.

—Somos almas gemelas —me dijo—. No me extraña que nos llevemos tan bien.

Sonreía. Estaba preciosa. Yo, para variar, no sabía qué decirle. De pronto ella soltó:

—¿Sabes que en la cárcel siempre me gustaste?

Mi sorpresa fue mayúscula. Creo que no la disimulé nada bien.

—¿En serio?

—¿Nunca te diste cuenta?

—¡Qué va!

—Qué torpes sois a veces los tíos. ¡Si lo sabía todo el mundo!

—¿Ah, sí? ¿Y no se extrañaban de que un pivón como tú mirara a un pocacosa como yo? No tiene lógica. Tú puedes tener a cualquier tío. ¡Todos babean por ti!

—Ese es el problema, Éric —dijo, con amargura—. Están tan impresionados por el exterior que ni siquiera valoran lo demás. Solo ven a la tía buena.

—¿Por eso no tienes novio?

Bajó la mirada. Jugaba a alinear los cubiertos sobre la mesa.

—Supongo. Es complicado... Empiezo a creer que el chico que busco no existe.

—¿Qué buscas?

—Alguien que no se ponga nervioso cada vez que me mira.

—¿Por qué nunca me dijiste nada?

—No me gusta declararme —respondió, muy segura—. Además, me habrías dicho que no. Se notaba mucho que estabas enamorado de otra.

No entiendo cómo a veces las chicas pueden saber un montón de cosas que nunca les has contado.

—Lo estaba —le di la razón.

—¿Y ya no?

No contesté. Dejé caer mi mano sobre la suya. Suavemente. Por dentro, intentaba convencerme a mí mismo de que ese era el gesto que haría un buen amigo.

Justo en ese momento entró el sargento Roig como una exhalación.

—Menos mal que os encuentro, chicos. Merche, necesito que vuelvas a la comisaría ahora mismo. Éric, han disparado a Marcelo.

Capos

Esto es lo que nos contó el sargento Roig: la muerte de don Nicolás había puesto al clan de los Medina patas arriba. Se había abierto la caja de los truenos. Ahora la familia se dividía en dos bandos: los que reconocían a Horacio como capo y los que querían que alguien ocupara su lugar. Había varios candidatos a ese puesto, todos ambiciosos de poder y de dinero.

Los dos bandos rivales estaban capitaneados por Antonio y por Lucas Medina respectivamente. Eran algo así como primos segundos. Antonio era hermano de Horacio, de 34 años, tenía fama de imprevisible y de ambicioso. Lucas, nieto de don Nicolás, era un poco más joven, un hombre con fama de listo (para los estándares de mi barrio) y calculador; tanto él como sus hermanos se consideraban los legítimos sucesores del trono del gran capo y nunca habían podido soportar a Horacio ni a sus fieles. Cada bando le había declarado la guerra al otro, aunque Roig creía que podía haber más de un traidor, alguien que jugaba un doble juego o que no mostraba sus cartas. Creía que en los próximos días pasarían muchas cosas y nos llevaríamos muchas sorpresas. Por eso trabajábamos con la máxima cautela. Todo aquello podía ser muy peligroso.

—Por supuesto —añadió— os estaréis preguntando qué papel juega en todo esto el vídeo de la muerte de Ben y por qué ha salido a la luz precisamente ahora.

Merche y yo asentimos.

—Paula y yo creemos que ambos bandos están interesados en difundirlo para perjudicar al otro. Aunque es absurdo, porque quienes aparecen en él son Lucas y Antonio, que son precisamente dos de los cabecillas. Así que estamos barajando también la hipótesis de que lo haya difundido una tercera persona que tenga interés en eliminar a sus enemigos de un plumazo. Sería una jugada maestra. Si no es así, siempre hay que suponer que lo ha difundido el que tiene menos que perder.

—¿Y ese sería...? —preguntó Merche, que arrugaba el ceño.

—No tenemos ni idea —dijo Roig.

—¿Entonces...? ¿Vamos a detener a alguien?

—Podríamos. Sobre todo tras las declaraciones de Marcelo. Pero vamos a esperar un poco. Dejaremos que muevan pieza, que se pongan nerviosos, que se delaten. Es una oportunidad única para hacer una buena pesca —sonrió, contento con la comparación—, no podemos dejar que las prisas nos la estropeen. Debemos ser más listos que ellos —hizo una pausa, para estudiar las caras de su equipo y añadió—: ¿Alguna pregunta?

—Solo se habla de hombres —apuntó Merche—. ¿Dónde están las mujeres del clan?

—En su casa, supongo —contestó el sargento—. Nunca han tomado las riendas. Están ahí, apoyando a sus hombres. Y son muchas. Madres, esposas, hijas, sobrinas, nietas... Ni siquiera tenemos los nombres de todas. Nunca han sido de interés para la investigación.

—¿Y por qué no? —insistió Merche—. ¿No deberíamos investigarlas también a ellas, por si acaso?

—Sería una pérdida de tiempo —dijo Roig, muy seguro de sí mismo—. Los Medina son machistas y patriarcales, nunca admitirán a una mujer como jefa. ¿Os imagináis a todos esos machitos a las órdenes de una mujer? No, no, ¡es imposible! Eso no va a pasar.

—¿Y no cree que los tiempos cambian? —preguntó Merche.

—Hazme caso —el sargento sonrió socarronamente y miró a Merche como un padre miraría a una hija que se empeña en cometer un error muy obvio—. Cuando lleves tantos años como yo en esto, te darás cuenta de que hay cosas que no cambian. Por mucho tiempo que pase.

Ocupado

«Te noto raro. Comienzo a preocuparme. ¿Es por el caso en el que estás trabajando? ¿Pasa algo? ¿Estás bien?».

El mensaje de Xenia entró cerca de las diez de la mañana. Lo vi justo al llegar a la comisaria. Sentí alivio de contestarle la verdad: «Ahora estoy ocupado, perdona».

Me mandó un gran corazón rojo, que palpitaba.

Me comporté como si no lo hubiera visto. En las últimas horas había mirado más de cien veces la foto que le tomé en la cafetería de la facultad. Cuando más la miraba, peor me sentía.

Varias horas más tarde, cuando habían pasado muchas cosas, entró otro mensaje de Xenia.

«¿Sigues muy ocupado? Solo quería decirte que estoy con mis padres camino de Madrid. Odio alejarme de ti».

No le contesté. Esta vez porque no podía. Tuve que desconectar el teléfono. Hasta varias horas más tarde no me acordé de que lo había hecho. Cuando lo conecté, había más de diez llamadas perdidas de Xenia y un montón de mensajes, que leí como si nada de lo que decían fuera real.

«Éric, por favor, dime algo. Te llamo, pero no contestas. No sé qué pasa».

«Éric, esto no es normal. Necesito saber que estás bien».

«¿Por qué no me contestas?».

«Estoy muy preocupada. Por favor, respóndeme».

«Ya hemos llegado a Madrid. Ojalá no estuviera aquí».

«Me voy a la cama, pero no creo que pueda dormir. Por favor, dime algo. Te quiero».

Era muy tarde cuando contesté. Un solo mensaje: «Estoy bien, no te preocupes. Hoy han ocurrido muchas cosas. He tenido que desconectar el teléfono. Ya hablaremos. Buenas noches».

Esta vez, no hubo emoticonos.

Pistolero

A Marcelo le dispararon a las puertas del gimnasio Lotus. Acababa de aparcar en una calle cercana y se dirigía al trabajo. Eran poco más de las tres y media de la tarde.

Los disparos (cuatro en total) vinieron de la acera de enfrente. Dos de ellos impactaron en la fachada del gimnasio. Los otros dos dieron en el blanco: el brazo derecho y el tórax de Marcelo. Un par de testigos vieron salir huyendo a un hombre que conducía una motocicleta de gran cilindrada. Nadie pudo identificarle, porque llevaba casco. La mayoría no vio nada. Solo confusión, pánico y gente que corría, asustada.

Marcelo entró por su propio pie en el gimnasio, pero se desplomó pocos metros después. La chica de recepción llamó a una ambulancia. Las aulas estaban llenas hasta los topes de señoras ricas que intentaban perder los kilos que ganarían durante las fiestas navideñas. Esa tarde se suspendieron todas las actividades. Y también las del día siguiente, mientras Marcelo estaba en el hospital, entre la vida y la muerte. Murió antes de que amaneciera el tercer día de luto.

—Si han sido los Medina, están cambiando de estrategia. Nunca, hasta ahora, habían utilizado armas de fuego para sus ajustes de cuentas.

Era solo el principio.

Entierro

El entierro de Marcelo no fue solo un entierro. Germán organizó una ceremonia de despedida sencilla y emotiva que se celebró en el tanatorio de Sancho de Ávila, bastante lejos de mi barrio. Asistieron varios miembros de la familia, muchas clientas del gimnasio y muchos amigos del difunto, la mayoría gais. Germán leyó un poema escrito por él mismo y titulado «Amor de mi vida» que hizo llorar a la mitad de los asistentes y dejó asombrados a la otra mitad. En mi barrio aún hay gente poco acostumbrada a que dos hombres se quieran; hay que darles tiempo y tener un poco de paciencia con ellos, ya se acostumbrarán. También habló la dueña del gimnasio Lotus. Dijo que Marcelo era un chico «serio, trabajador, comprometido y cariñoso» a quien siempre recordaría. Germán me preguntó si yo quería hablar en nombre de la familia, pero pasé. Creo que lo mejor que puedo hacer en estos casos por mi familia es no abrir la boca.

Lo más raro de todo fue ver juntos a parientes que llevaban muchos años sin tragarse. Por ejemplo, mi padre y mi tío, dos caras serias de piel curtida por el sol, que recordaban un poco a los tótems de las culturas africanas. Aún más raro fue ver juntos a mi padre y a mi madre. Me pareció que formaban una buena pareja (igual de viejos, igual de estropeados, igual de tristes), a pesar de que ni se dirigieron la palabra. Ella no paraba de llorar y tenía todo el maquillaje deshecho y embadurnado. Él la miraba por el rabillo del ojo, sin saber qué hacer. También fue raro ver a mis primas y a sus hijos. Hacía un siglo que no sabía nada de ellas. Creo que alguna ni siquiera me reconoció. También vinieron el del Yom Chi, el primer gimnasio donde Marcelo fue profesor, el de la tienda de móviles y algunos viejos compañeros del colegio. Fue el entierro más desconcertante que he visto en mi vida.

Al terminar, me acerqué a mi tía Carmen y le di un abrazo. Se agarró a mí como una lapa. Sentí las convulsiones del llanto y la humedad de sus lágrimas. Me hubiera gustado poder decirle algo que de verdad la consolara, pero solo se me ocurrió:

—Te prometo que ayudaré a encontrar a su asesino.

—Pero él no volverá —contestó ella, junto a mi oído, antes de añadir—: Por favor, dile algo a tu madre, tú que aún puedes.

«Tú que aún puedes». Eso fue un golpe bajo. Sin embargo, le hice caso. La única persona de mi familia a quien todavía obedezco es mi tía Carmen.

Me acerqué a mi padre. Mi madre estaba junto a él, en silencio, observándome.

Mi padre me tendió la mano. Se la estreché.

—¿Todo bien? —preguntó.

—Sí. ¿Tú?

—Ya ves.

Así son las conversaciones con mi padre: nunca hablamos, pero nunca tenemos nada que decirnos. Entonces fue mi madre quien intervino:

—Estoy orgullosa de ti, Éric —sonaba raro oírle decir eso, como si fuera una madre normal.

—¿Orgullosa por qué? —pregunté.

Parecía que le costara hablar. No me extraña. A mí también me costaba.

—Porque no eres como nosotros —dijo.

No esperaba aquello. No esperaba nada, de hecho. No sé. No estaba muy acostumbrado a esperar algo de mi madre.

—Ya hablaremos, un día —le dije, sin comprometerme a nada.

Se le iluminó la cara con una sonrisa.

—Cuando tú quieras, hijo. Te doy mi número, mira... —Abrió el bolso, buscó un papel, encontró uno arrugado, un tique de compra en cuyo anverso apuntó los nueve dígitos de su móvil—. Llámame cuando puedas. Y gracias.

¿Gracias de qué? No supe qué añadir. Además, vi a Germán y pensé que debía acercarme a saludar. También él se arrojó a mis brazos, llorando de dolor.

—Yo tuve la culpa. Si no te hubiera dicho dónde trabajaba... —sollozaba como un crío.

—La policía le habría localizado igualmente —le corregí—. Y puede que también los Medina. La culpa solo es del que disparó.

Cuando consiguió controlar un poco las lágrimas, me dijo:

—Estoy organizando con varios amigos un almuerzo para recordar a Marcelo. Será después de Navidad. ¿Te apuntas?

—No sé si a él le habría gustado que fuera.

—Pero yo quiero que vengas.

—Entonces, iré.

En ese momento llegó la tía Carmen, se abrazó a Germán y los dos rompieron a llorar. Yo tuve que hacer esfuerzos para no imitarlos.

Los entierros son un asco.

Menos mal que fui con Merche. Merche es como yo. Entiende esa mezcla de amor y odio hacia las propias raíces. Entiende que no puedas escapar de ellas y que al mismo tiempo necesites hacerlo.

Ella misma lo dijo: somos almas gemelas.

Perdida

Durante la ceremonia de despedida de Marcelo, me sonó el móvil cuatro veces. Era un número que no me sonaba de nada. Nunca hago caso a los números que no conozco; así me evito tener que decirle muchas veces que no a alguien que pretende venderme algo a toda costa. Vi que me habían dejado un par de mensajes, pero pensé que los escucharía en otro momento, cuando se me pasara aquel nudo en la garganta que apenas me dejaba respirar.

Luego, se me olvidó revisar el buzón de voz.

No volví a acordarme.

Miedo

Antes de que pudiera saludarle, Hugo refunfuñó:

—¿Se puede saber qué haces aquí en Nochebuena? ¿No tienes un plan mejor o qué?

—La verdad es que no —respondí—. Me apetecía amargarte las Navidades.

—Qué honor.

Le habían dado el alta y volvía a estar en casa. No me lo había podido decir porque sus padres le habían confiscado el móvil. Me enteré por una enfermera después de entrar en la habitación 106 del hospital y encontrarla ocupada por otra persona. Fui directamente hacia el Paseo de la Bonanova.

—¿Dónde has estado? Llevabas tres días sin venir —preguntó.

—He tenido un poco de lío —resumí, porque no quería contarle lo de Marcelo ni podía hablarle de la operación policial.

—¿Estás cabreado o algo? —preguntó, tan astuto como siempre.

—Estoy bien —mentí, aunque la verdad era que me costaba no pensar en Xenia. Y aún peor: me costaba no pensar en ella sin sentir en el corazón aquel peso como de piedras.

En cambio, Hugo parecía un poco más animado. Aunque eso, en su caso, nunca era mucho. Me di cuenta de que ahora había rejas en la ventana de su cuarto. No le dije nada. Fue él quien preguntó.

—¿Has visto las rejas? Mis padres están paranoicos.

Eran las seis de la tarde. El olor de comida inundaba toda la casa. De la cocina llegaba rumor de platos y voces. Todo tenía un ambiente festivo, enrarecido.

—¿A qué hora es la cena? —pregunté.

—A las nueve.

—Entonces me da tiempo. —Saqué de la mochila el libro que le había traído, una recomendación de Elena para situaciones desesperadas. Se llamaba *La pata de mono*—. Voy a leerte un rato.

—Lee todo lo que quieras, yo no pienso salir de aquí.

—¿No vas a cenar con tu familia?

—Ni loco.

—¿Y tus padres qué opinan?

—Aún no lo saben —se quedó esperando, expectante—. ¿No empiezas?

—Se titula *La pata de mono*.

—Con esa mierda de título, espero que no sea erótico.

—¿Conoces la tradición de leer cuentos de miedo la noche antes de Navidad? —Meneó la cabeza—. En algunas culturas creen que en las noches más largas del año los muertos vuelven a la vida.

—¿Es una historia de zombis?

Comencé a leer:

—La noche era fría y húmeda, pero en la pequeña sala de Laburnum Villa los postigos estaban cerrados y el fuego ardía vivamente. Padre e hijo jugaban al ajedrez...

Justo en ese momento se abrió la puerta y apareció Adela.

—Ah, hola, Éric. No sabía que estabas aquí.

Saludé. Le conté que tenía ganas de ver a Hugo. Le deseé feliz Navidad.

—Nos estás interrumpiendo, mamá —protestó Hugo.

—Solo quería decirte que la cena es a las nueve y que en un rato vendré a vestirte —dijo.

Hugo frunció la boca.

—Quiero quedarme en mi cuarto —dijo.

Ella me miró, como pidiéndome ayuda.

—Por favor, Éric, hazle entender a tu amigo que en Nochebuena hay que cenar con la familia.

—No sé si podré —contesté—. Yo nunca he cenado con mi familia.

Adela frunció el ceño. Juntó las manos en el aire como si rezara. Sus labios dibujaron dos palabras silenciosas: «Por», «favor».

—¿Podemos seguir? —preguntó Hugo—. Cierra la puerta, mamá.

Otra mirada de Adela, que significaba «Ayúdame». Seguí leyendo.

La historia de *La pata de mono* trata de la familia White, compuesta por un matrimonio de mediana edad y un hijo de veintitantos. En las primeras líneas reciben la visita de un amigo que regresa de la India y les trae un amuleto: una disecada y vieja pata de mono. El amigo cuenta que el objeto tiene propiedades mágicas: concede hasta tres deseos a quien lo posee. El señor White no sabe qué pedir y, además, no toma muy en serio a su amigo. Así que pide cualquier cosa. Dinero. Doscientas libras. Luego todos se van a dormir. Por la mañana, cuando el hijo se ha ido al trabajo y en la casa ya nadie se acuerda del amuleto, llega un hombre a darles una escalofriante noticia. Su hijo ha muerto. Una máquina se ha desplomado sobre él, aplastándole, su cadáver ha quedado irreconocible. La compañía de seguros a la que él representa lamenta mucho su pérdida y viene a entregarles un cheque correspondiente a una pequeña compensación económica, nada que pueda resarcirles, claro, son apenas doscientas libras. El padre cae desmayado de la impresión.

Al llegar a esta parte, Hugo susurró:

—Qué bueno, tío.

—Y solo es el primer deseo —dije—, quedan otros dos.

Elena tenía razón. *La pata de mono* es un relato espeluznante. Cuando llegamos al final, Hugo se quedó un momento meditando en silencio y luego preguntó:

—Si tuvieras el amuleto ese, ¿cuál sería tu primer deseo?

Xenia acudió a mi cabeza de cien maneras diferentes.

—Tendría que pensarlo —dije—, algo así no puede decidirse a la ligera. ¿Y tú?

Se echó a reír, como si acabara de decirle algo muy gracioso.

—Qué pregunta tan idiota —dijo.

Nochebuena

La cena de Nochebuena en casa de Hugo consistía en un montón de platos rarísimos, varias camareras con cofia y una docena de invitados insoportables. Las mujeres iban muy elegantes, pero eran muy viejas y hablaban muy alto. Los hombres iban todos iguales y resultaban muy aburridos, no solo por el atuendo.

Convencí a Hugo de que cenara con su familia, pero me puso una condición: que me quedara yo también. Nunca había participado en una cena de Nochebuena, pero esta me pareció de lo más extraña. Para empezar, Hugo comía con las manos. Cuando le vi meterlas en la salsa de la carne, pensé que se había vuelto loco. Luego me di cuenta de que a nadie de la familia le parecía raro. Los invitados fingían no darse cuenta o disimulaban su cara de asco.

—¿Qué haces, tío? —le pregunté, bajito.

—Ya hace meses que no utilizo cuchillo ni tenedor —me contó Hugo—. Esta es la única manera de saber qué me estoy comiendo. Ahora nadie se molesta de que sea un guarro. A veces hasta me limpio en los pantalones —y soltó una risotada.

Hugo apenas abrió la boca en toda la cena. Yo tampoco. El resto de los comensales charlaban, reían y brindaban como si tal cosa. Antes de las once, Hugo quiso marcharse a su habitación y nadie se opuso. Yo mismo empujé la silla de ruedas por el pasillo. Se sentó en la cama, mirándose los pies sin verlos.

—No soporto a los amigos de mis padres —dijo, y le comprendí al instante—. Y menos ahora que no puedo escaparme.

De pronto tuve una idea.

—¿Y por qué no te escapas? ¡Escapémonos un rato!

Lo dije sin pensar. Me daba rabia verle tan abatido. O me había pasado bebiendo vino blanco.

—¿Escaparnos adónde? —preguntó él.

—No lo sé. A cualquier parte.

—Estás loco, tío.

—¡Vamos! ¿Dónde está tu chaqueta?

Hugo señaló hacia el armario.

—Allí, sácala —y añadió—: Pero yo voy en la silla.

—Como tú digas, tú eres el jefe.

Ya salíamos de su cuarto cuando se me ocurrió algo:

—¡Un momento! Les dejaré una nota a tus padres.

Puso cara de fastidio, pero no protestó. Arranqué una hoja de mi cuaderno, escribí:

«QUERIDOS ADELA Y JAIME: HUGO Y YO NOS VAMOS A DAR UN PASEO. NO OS PREOCUPÉIS. ÉRIC».

Pegué la nota con un poco de cinta adhesiva en la puerta del cuarto de Hugo.

—Ya podemos irnos —dije, triunfante, y susurré—: Si llegamos al recibidor sin que nos descubran, lo conseguiremos.

Fue muy fácil. En el comedor seguían las conversaciones a todo volumen, mezcladas con el tintineo de platos y copas. No parecía que la reunión fuera a acabar pronto. Hugo y yo nos escabullimos hasta el vestíbulo en medio de la oscuridad del pasillo. Tuve cuidado de no hacer ruido al cerrar la puerta. Cuando el ascensor comenzó a bajar, con nosotros dentro, Hugo soltó un chillido de alegría:

—¡Viva, nos estamos fugando!

Me di cuenta enseguida de su transformación. Aquello le gustaba de verdad. Era la primera vez que no estaba taciturno, ni borde, ni en silencio, ni cabreado. El Hugo de antes del accidente regresaba, aunque solo fuera por un rato, para que yo pudiera conocerle.

Me pidió que le llevara hasta la esquina de la plaza Kennedy.

—Iremos en taxi —dijo, resuelto como nunca.

—No llevo dinero —contesté.

—Pero yo sí —sonrió socarronamente.

—Nunca he parado un taxi.

—Pardillo —masculló—. Busca uno con la luz verde encendida. Solo tienes que levantar la mano y hacerle una señal al conductor para que pare —dijo, decidido como no le había visto nunca—. La silla la llevaremos en el maletero.

Hice todo lo que Hugo dijo. Paramos un taxi. Él se levantó.

—¿Sabes plegar la silla de ruedas?

—No.

Con dos movimientos rápidos, hábiles, Hugo plegó la silla.

—Eres bastante torpe, tío —dijo, tanteando la puerta del taxi para entrar en la parte trasera.

Después de meter la silla en el maletero, ocupé mi sitio en el coche. Antes de que cerrara la puerta, Hugo le estaba dando instrucciones al taxista para que nos llevara al paseo marítimo.

Cruzamos la ciudad muy deprisa, disfrutando de aquella súbita sensación de libertad, sin mediar palabra. Hugo abrió un poco la ventanilla, y dejó que el aire frío le acariciara la cara. Cerró los ojos. Creo que disfrutaba por primera vez en mucho tiempo.

—Me gusta el olor del mar —dijo nada más llegar, mientras yo sacaba la silla de ruedas y me peleaba con el mecanismo para abrirla.

De nuevo él lo hizo en un instante, con movimientos muy aprendidos. Se sentó en ella.

—Hay una rampa por el otro lado. Baja por allí.

Se notaba que conocía muy bien la zona. Le pregunté de qué.

—Yo solía venir por aquí. Hace tiempo.

—¿A la playa?

—A la discoteca.

—¿No te apetece que vayamos?

—¿A la discoteca? —pareció pensarlo en serio—. Otro día.

La rampa que Hugo me había indicado descendía hasta un camino de hormigón que discurría al lado de la arena de la playa. La presencia oscura del mar se adivinaba muy cerca. La música de los locales nocturnos retumbaba junto a nosotros. Hugo eligió uno de los bares más tranquilos para tomar una copa. Invitó él. Nos sentamos a una mesa en la terraza. Había un constante ir y venir de gente de nuestra edad y también algo mayores. De pronto sonó una voz a nuestra espalda.

—¡Hugo! Tío, ¿cómo estás?

Era un chaval regordete, bajito, con gafas, ropa de marca, un flequillo ridículo y un vaso en la mano. Hugo se quedó en silencio, desconcertado. Al chaval se le comenzaba a marchitar la sonrisa cuando Hugo preguntó:

—¿Quién eres?

—Ay, perdona. Soy Toni.

No sé si Hugo se alegró o todo lo contrario, pero adiviné que era alguien a quien conocía muy bien. De años, tal vez. El chaval repitió:

—¿Cómo estás?

—Ya ves, mejor que nunca. ¿Has venido solo?

—No. La gente está por ahí.

—¿Toda la gente?

—Casi —dijo el chico, que ahora parecía incómodo.

—¿Valentina está?

—Sí, ¿quieres que le diga que estás aquí?

—Dile lo que quieras.

—¿Por qué no vienes un rato con nosotros?

—Mejor no, gracias. No quiero amargaros la noche. Además, estaba a punto de pirarme.

Hugo se levantó de la silla de ruedas, con tanta violencia que casi arrolló a su viejo amigo. Echó a andar hacia el paseo marítimo a toda velocidad y en el camino tiró una mesa sobre la que descansaba media docena de vasos. Un guardia de seguridad no reparó en que era ciego y se encaró con él:

—Oye, tú, ¿por qué no miras por dónde vas?

Hugo le gritó:

—Vete a la mierda, hijo de puta.

También chocó con varias personas y estuvo a punto de derribar más cosas. Me pareció ver a Valentina, a lo lejos, observando la escena con cara de susto, sin la menor intención de acercarse. A su lado estaba el pelirrojo amaestrado.

Hugo se dirigía ahora hacia la orilla del mar, y yo intenté perseguirle con la silla de ruedas, pero pronto me di cuenta de que era imposible hacer que las ruedas de la silla avanzaran por la arena. La abandoné y corrí tras mi amigo. Caminó en línea recta hacia el mar, con decisión. Se detuvo bastante cerca de la orilla, se sentó encogiendo las piernas y agarrándose la cabeza, mientras murmuraba:

—No ha sido buena idea.

Trato

Estuvimos un rato allí, sintiendo el frío y la humedad de la noche, mientras Hugo renegaba y se lamentaba. Cuando se calmó un poco, le pregunté:

—¿Todo esto es por Valentina?

No contestó. Asintió, más o menos, pero sin palabras.

—¿Quién era ese? —me refería al chico que nos había abordado en el bar.

—Toni. Un idiota de mi clase. Fui con él al colegio desde los tres años. Y ya ves, ahora le pongo nervioso. No sabe ni cómo tratarme.

—Ellos también tienen que aprender.

—Paso.

Hugo tenía ganas de hablar. Lo primero, el accidente:

—Fue una carrera. Seguro que nadie te lo ha contado, ¿verdad? —Estaba en lo cierto: nadie me había dicho nada—. Claro, porque nadie lo sabe. Uno de mis amigos más burros y yo, en dos ciclomotores, bajando por la Carretera de les Aigües a más de ciento veinte por hora. Era sábado por la noche. Estábamos zumbados. Yo conducía la moto de mi novia. Por aquel entonces Valentina era mi novia. Nos habíamos apostado cien pavos a que cada uno se atrevería a correr más que el otro. Yo habría ganado, pero me deslumbraron los faros de un coche que subía la montaña. Perdí el control. Me la pegué contra un árbol. Fin de la aventura.

También me contó el calvario que vino después. Dejó de ir al instituto, dejó el baloncesto, perdió el curso. Pero lo peor fue que sus padres no se resignaron. Llegaron las operaciones, los médicos, los viajes para conocer a los mejores oftalmólogos del mundo. Aprendió que a cambio de dinero los médicos no tienen ningún reparo en hablar de esperanza, hasta de posibilidades de curación. Sus padres tardaron tiempo en rendirse. Tuvo que decirles que no iría a ningún médico más. Que se había terminado.

—¿Y tus amigos?

—Salí con ellos una noche, hace mucho. Debía de hacer tres meses del accidente, más o menos. Los tíos solos. Fuimos a una pizzería. Intenté disimular, comportarme como si fuera una persona normal. Pero es difícil elegir plato cuando no ves la carta. Es difícil pedirle a tu amigo de toda la vida que te la lea, porque ahora eres ciego. Es difícil encontrar la comida en el plato, saber cómo cortarla, tantear el aire hasta dar con la botella para servirte agua. Es difícil escuchar a los demás hablar de los partidos que le quedan al campeonato, y que tú ni jugarás ni podrás disfrutar. Es difícil no llorar por las muchas cosas que echas de menos de cuando eras como ellos. Para los demás también es difícil salir contigo. No saben qué decir. Les duele hacer ciertas bromas, hay palabras que de pronto se vuelven incómodas. No saben cómo comportarse. Poco a poco van quedándose callados. Tu desgracia se propaga hacia ellos. Sienten lástima de ti y un poco de sí mismos, por ser tus amigos. Ya no son tus amigos, ahora se sienten tus niñeras y lo peor es que tú no soportas ese cambio —hizo una pausa, respiró profundamente—. Es mejor quedarse en casa.

Después de la pausa para tratar de calmarse un poco, Hugo comenzó a quitarse los zapatos, con lentitud, primero el derecho, luego el izquierdo. Los dejó sobre la arena y siguió con los calcetines, que dejó con cuidado dentro de los zapatos. Se arremangó las perneras de los pantalones, se puso en pie y echó a andar hacia el agua.

—¿Vienes? —me invitó.

—Ni loco, tío. Está helada.

—Cobarde.

Se adentró en el mar, con cuidado. Se detuvo en un lugar de la orilla donde las olas pudieran acariciarle los pies sin mojarle las piernas. Yo le vigilaba, por si se le ocurría alguna locura, por si perdía el equilibrio, me necesitaba o lo que fuera. No ocurrió nada. Salvo una cosa: sonó el móvil de Hugo. Era Adela. Hablaba tan alto y estaba tan alterada que podía oír su voz desde donde me encontraba, a varios metros, aunque no comprendí sus palabras. Solo adiviné lo que decía por las respuestas de su hijo.

—Estoy bien, mamá, no te pongas nerviosa (...). Sí, con Éric. Es una niñera estupenda. (...) Hemos salido a dar una vuelta y a tomar algo. (...) No estoy en ningún sitio raro, no te preocupes. (...) Volveré cuando yo quiera, mamá, cuando me canse. (...) Bueno, llama a la policía, si quieres, pero creo que harás un poco el ridículo. (...) Es Nochebuena, mamá, cálmate, te va a sentar mal la cena. (...) Mamá, no me grites, por favor, ya te he dicho que... (...). Mamá, si me dejas hablar, podré explicarte lo que... (...) Mamá, voy a colgar el teléfono, así no hay manera. (...) Mamá, te lo he advertido. Adiós. Y feliz Navidad.

Colgó. Cinco segundos más tarde, el aparato volvió a sonar. Hugo soltó una especie de gruñido de fastidio, agarró el aparato y con todas sus fuerzas lo arrojó lo más lejos que pudo. El móvil cayó al agua a unos diez metros de distancia. No estuvo nada mal.

Hugo se echó a reír y yo también.

Cinco segundos más y empezó a sonar mi teléfono. Ninguno de los dos tenía dudas acerca de quién era.

—No contestes —me pidió Hugo.

Lo puse en silencio.

Volvió a vibrar (dos veces más) dentro de mi bolsillo, pero me comporté como si no lo notara.

Hugo salió del agua y se sentó de nuevo cerca de mí. Se entretuvo un buen rato en calzarse de nuevo. Esperó a que se le secaran los pies, se los sacudió para limpiarse la arena, se puso los calcetines y luego los zapatos. Lo hizo todo muy bien, sin ayuda.

—¿Sabes qué ha sido lo peor de estos días en el hospital? —preguntó—. Que nadie comprende nada. La gente se acerca a ti, pone voz de profesora de infantil y te dice: «Por favor, cariño, no te suicides. Todos atravesamos épocas horribles, pero seguro que hay otras salidas, porque tienes toda la vida por delante». Ni siquiera comprenden que ese es, precisamente, el problema: no soporto tener toda la vida por delante. No soporto la vida. Me da asco.

—¿Y no tienes miedo a morir? —me atreví a preguntarle.

—Lo que me da pánico es vivir, tío. Vivir como estoy.

—Tienes algunas alternativas.

—¿Sí? ¿Cuáles?

Llegaban músicas remotas de la zona de bares. El rumor del mar parecía seguirles el ritmo. Era un lugar estupendo para decir lo que no dirías en ninguna otra parte.

—Hagamos un trato —propuse—. Si tú juegas a mi juego, yo jugaré al tuyo —Se encogió de hombros, no comprendía—. Pero no puedes quejarte ni cabrearte ni ponerte borde.

—Habla claro, tío. ¿En qué consiste el trato?

—Tú haces lo que yo quiera durante una semana. Si pasado ese tiempo, sigues odiando la vida, yo te ayudo a suicidarte.

—¿Tú me ayudas a...? ¿En serio?

—Te lo prometo. Esta vez no fallarás.

Hugo meneaba la cabeza. Sabía que era una buena oferta, la estaba considerando en serio. Pero algo no le cuadraba.

—Una semana es mucho tiempo —dijo al fin—. Dos días.

—Cuatro.

—Tres.

—Vale, tres —acepté—. Pero el horario lo decido yo.

—Y luego cumplirás tu palabra —dijo.

—Claro. Siempre cumplo mi palabra.

—Yo te obedezco, de acuerdo. Y luego tú...

—Trato hecho —dije, y le agarré la mano, para que me la estrechara. Para que cerrara nuestro acuerdo.

Pinreles

Cuando llegué a casa, encontré a Omar en el rellano de la escalera, durmiendo como un niño en un sillón con orejeras de color verde y con los pies apoyados en otro.

—¿Dónde estabas, tío? —preguntó en cuanto le desperté—, ¡es Nochebuena!

—Lo estaba celebrando con unos amigos.

—¿A que molan? —se refería a los sillones—. Son reclinables y tienen reposapiés incorporado, mira.

Accionó algo. La parte delantera del sillón se convirtió en una cómoda plataforma donde apoyar las piernas.

Entre los dos metimos los sillones en casa y los llevamos hasta el salón. Los dejamos delante de la tele. No le pregunté de dónde habían salido. No quería saberlo.

Me di cuenta de que Omar llevaba deportivas nuevas, de marca, y una chupa de cuero negra, reluciente, con remaches plateados.

—¿Te ha tocado la lotería, colega? —le pregunté.

—Más o menos.

Me dejé caer sobre uno de los sillones. Me sentía agotado. El intenso día había terminado con la bronca de Adela, que seguía descompuesta cuando Hugo llegó a casa. No quiso hablar con él, pero a mí me hizo pasar a la biblioteca y me soltó un sermón sobre los peligros a los que había expuesto a su hijo. No atendió ninguna de mis explicaciones y me amenazó con despedirme si algo así volvía a repetirse. Tuve que bajar la cabeza y aceptar lo que decía, aunque últimamente nada me importaba demasiado.

Omar encendió la tele, se quitó las deportivas. Un intenso tufo a queso invadió el comedor. Me tapé la nariz.

—Qué peste, tío —dije.

—Bueno, no es para tanto —y soltó una carcajada—, a todo el mundo le atufan los pinreles, tío. Seguro que a tu novia, también.

Sentí la rabia que me invadía como una fiebre. No soportaba que Omar hablara de Xenia. No soportaba nombrar a Xenia, ni siquiera pensar en ella. No soportaba tener que admitir que desde aquellos mensajes desde Madrid no me había enviado ni uno más. Ni yo tampoco a ella, claro, porque me sentía ofendido.

—Deberías largarte a otro sitio, tío —le solté a Omar, y por primera vez no me sentí mal por hacerlo.

—¿Es por los pies? Vale, ya me los lavo.

Se levantó y se fue al cuarto de baño, donde al cabo de pocos segundos oí correr el agua.

Me quedé alelado delante de la pantalla, pensando en mis cosas. En las noticias hablaban de un tiroteo en una escuela estadounidense, de un ensayo con armamento nuclear en Corea del Norte, de unas elecciones en Italia, de una cadena de robos con violencia extrema en diversos chalés de la Costa Brava... Desde el baño, Omar dijo:

—Ya está, tío. Ya no hace falta que me eches.

Responder

«Tiene una llamada perdida de...».

El número no me sonaba de nada.

Comprobé el historial de mi teléfono. Era el mismo número desde el que me llamaron durante el funeral de Marcelo.

Esta vez la llamada se había producido esa misma noche, pasada la una de la madrugada. Me pareció una hora un poco rara para que alguien tratara de venderme algo. No contesté porque se produjo justo después de la bronca de la madre de Hugo, cuando puse el teléfono en modo vibración y me lo guardé en el bolsillo.

Comenzaba a estar intrigado.

Pulsé la opción «Responder», sin ni siquiera mirar la hora que era. El contestador me informó de que quien fuera tenía el teléfono apagado o sin cobertura y que podía dejar un mensaje.

Colgué.

¿Qué esperaba, pasadas las cuatro de la mañana?

Navidad

El día de Navidad amaneció como cualquier otro. Omar dormía en uno de los sillones nuevos. En el bote de mi cuarto de baño había ahora dos cepillos de dientes. También había un champú anticaspa en mi ducha (y yo nunca he tenido caspa). Todo el piso olía a queso reconcentrado.

—¿Vas a ir hoy a comer con tu familia? —le pregunté.

Me miró como si le hubiera preguntado si pensaba ir a montar en globo.

—Nosotros no celebramos la Navidad, colega —dijo—. Además, mi familia me pone nervioso.

Le comprendía bien. Pero a mi él también comenzaba a ponerme nervioso.

—Podríamos pedir una pizza y ver cualquier peli que den en la tele —propuso.

—No puede ser. Yo tengo que trabajar.

—¿Vas a casa del niño rico? —no contesté—. ¡Te acompaño!

Intenté quitárselo de la cabeza.

—Mejor no. No puedo llevar a nadie.

—No pasa nada —sonrió, feliz—, te esperaré en algún bar.

—Tardaré mucho.

—Tranquilo, daré una vuelta.

Creo que en el fondo pensaba que me hacía un favor. No quería dejarme solo el día de Navidad. Creía que para mí debía de ser deprimente estar solo.

Cuando salimos de casa, Omar estaba contento como un niño que va a un parque de atracciones. Iba encantado de viajar en metro. Se fijaba mucho en los nombres de las estaciones y en los otros viajeros, que a veces parecían incómodos por cómo los miraba. Cuando por fin salimos a la calle, en la plaza Kennedy, se quedó un buen rato observando la cúpula modernista.

—En este barrio hay pasta, tío —dijo, satisfecho.

Se paró un montón de veces a observar edificios, o detalles de la fachada o cualquier cosa que encontraba por el camino.

—Son bonitas las luces de Navidad, colega —dijo, suspirando—, ¿a ti no te gustan?

—Sí, mucho, mucho —dije, mientras él estaba como un pasmarote mirando hacia arriba—. ¡Venga, tío! ¡Voy a llegar tarde por tu culpa!

También la fachada de la casa de Hugo mereció su atención. Se paró frente a ella, con los brazos en jarras y las piernas un poco separadas, y la observó entrecerrando los ojos, como si fuera un arquitecto evaluando las obras.

—¿Esa es la casa de tu amigo? —preguntó—. La están restaurando.

Le dejé allí, alelado por todo lo que veía, y entré en el edificio. Llegué cinco minutos tarde. Por primera vez.

Excusa

Un hombre gordo llamado Ketchum que conduce de madrugada por una carretera atraviesa un pueblo llamado Zachry, donde solo viven 67 personas. Es detenido por exceso de velocidad. Le llevan a comisaría y se supone que debe verle un juez, pero en Zachry nadie parece tener mucha prisa. El pobre hombre se desespera, viendo cómo lo que parecía sencillo (una simple infracción de tráfico) se vuelve misteriosamente complicado. Así arranca *Los hijos de Noah,* un cuento de Richard Matheson que nos encantó. Su macabro desenlace nos dejó mudos de la sorpresa (y del miedo).

Íbamos por la mitad cuando sonó mi móvil. Lo tenía en modo de vibración. Normalmente no lo atendía durante el tiempo en que leía para Hugo, pero aquel día miré la pantalla. Era el mismo número desconocido, pero ya familiar, que me había estado llamando aquellos días.

—¿Te importa si contesto al teléfono? —le pregunté a Hugo.

Él hizo un gesto con la mano indicándome que no le importaba.

Era Xenia.

—Éric. ¡Por fin! Ya pensaba que no querías hablar conmigo —fue su saludo. Estaba tan seria que al principio me costó reconocerla.

¿No quería hablar con ella? ¿O más bien no me atrevía, no sabía cómo hacerlo, no era capaz de enfrentarme a mis sentimientos, no quería reconocer lo que de verdad me estaba pasando? ¿O todo al mismo tiempo?

—¿Por qué me llamas desde un número que no es el tuyo? —le pregunté.

—Mi teléfono tuvo un accidente —me interrumpió.

Su tono cortante, gélido, me helaba el corazón. No entendía qué le había pasado, o no quería entender, pero aquella que me hablaba al otro lado de la conversación no era la Xenia de siempre.

—¿Un accidente? —pregunté.

—Se me cayó al váter —soltó una risilla medio nerviosa, que sonó forzada—, ¿verdad que es asqueroso?

—¿No se te ocurre otra excusa o qué?

Se hizo un silencio espeso. Creo que Xenia se había quedado asombrada. Igual pensaba qué contestar, o estaba llorando, no sé. Yo también pensaba: intentaba saber por qué acababa de decirle aquella tontería, qué monstruo había hablado por mí, por qué de pronto no podía dejar de pensar que Xenia me engañaba, o que no jugaba limpio conmigo. Por qué en unos pocos días había dejado de confiar en ella y se lo estaba demostrando de aquel modo.

La respuesta era fácil pero terrible: MIEDO.

Miedo a perderla, a dejar de importarle, a que dejara de quererme, a ser reemplazado, a ser reemplazable, a...

Cuántas cosas hacemos por miedo. El miedo tiene muchos nombres. Celos solo es uno de ellos.

—Si de verdad crees que te estoy poniendo una excusa —dijo ella, con una voz de hielo que me asustó aún más—, no sé qué haces hablando conmigo.

—Xenia, lo siento, no quería decir eso, soy un gili...

—¿Crees que te miento?

—De verdad, Xenia, perdóname, ha sido...

—Contéstame a la pregunta, Éric, por favor. ¿Crees que te miento?

—No lo sé —reconocí, y cerré los ojos como si se acercara un impacto.

Ahora sí me di cuenta de que Xenia estaba llorando.

—No sé qué te ha pasado, Éric. Últimamente no eres tú. Si tienes algo que decirme, por favor, hazlo pronto. No puedo soportar esto.

Iba a decirle que a mí me ocurría lo mismo. Que yo tampoco podía soportar que no fuera ella, ni podía soportar pensar que todo tenía que ver con el chico de la bata blanca y flequillo rubio engominado, ni con la foto que no me cansaba de mirar.

—¿No dices nada? —preguntó, y no dije nada porque no se me ocurrió nada que decir. Por eso ella añadió—: Está bien. Cuando quieras hablar, llámame.

Iba a preguntarle cuándo estaría reparado su teléfono, o cuándo tendría otro, o cuándo volveríamos a hablar, pero ya había cortado.

Madrugada

De vez en cuando, Omar se marchaba de madrugada. A las dos, a las tres... Nunca decía adónde iba. Ni siquiera decía que iba a salir. Yo no le preguntaba nunca nada. Mejor así. Prefería no saber. Solía regresar por la mañana, cansado pero de buen humor. A veces traía algo. Un colchón, un microondas, una tostadora... Decía que lo hacía en señal de agradecimiento. Al llegar, se echaba a dormir y no despertaba hasta muchas horas más tarde. Generalmente, yo me iba y le dejaba roncando.

Pero aquella vez fue diferente. Aún no eran las cinco de la mañana cuando sonó el timbre con insistencia. Cinco, seis, siete veces. Me dio un susto de muerte. Me levanté medio dormido a abrir la puerta. Omar estaba en el rellano, muy alterado, como si hubiera ocurrido algo grave.

—Cierra la puerta, rápido —ordenó.

Parecía asustado. También muerto de frío. No llevaba la chaqueta. Tenía mal aspecto.

—¿Qué te ha pasado?

—Nada, colega. Una mala noche.

—¿Quieres hablar de ello?

—Mejor no, colega. Mejor no.

Golpe

Durante la madrugada del penúltimo día del año, una banda de ladrones entró en casa de Hugo mientras él y sus padres dormían. Escalaron los andamios y entraron por el balcón del comedor, que era el único que no tenía la persiana bajada. Como era una calle de mucho tráfico, aún más durante las fiestas de Navidad, los ladrones esperaron a la hora de menos afluencia para actuar. La policía estimó que permanecieron entre veinte y treinta minutos dentro del piso, por lo que debieron de entrar alrededor de las dos de la madrugada. La lista de los objetos robados no era muy larga, pero incluía diversos cuadros de gran valor (todos originales), dos televisores, un ordenador, una alfombra, varios objetos de decoración, una buena cantidad de dinero en metálico y todas las joyas que la señora de la casa guardaba en un cajón de su cómoda. La policía calculó que la banda estaba formada por entre tres y cinco miembros. Su *modus operandi* fue muy similar al de la conocida como «Banda de la Costa Brava», que durante los últimos días había desvalijado casas y masías en las comarcas del Ampurdán y La Selva.

El del piso de la Bonanova habría podido ser un golpe perfecto. Pero aquella noche Hugo no podía dormir y daba vueltas en la cama cuando un golpe en el salón le sobresaltó. Se quedó muy quieto, a la espera, pensando qué hacer. Escuchó pasos que se dirigían hacia su cuarto y decidió hacerse el dormido. El ladrón entró en su habitación, merodeó un poco, tocó el ordenador. Tal vez planeaba llevárselo, pero Hugo fue más rápido. Saltó sobre él de improviso y consiguió agarrarle de la ropa e inmovilizarle durante cuestión de segundos. Hasta que el otro se desprendió de la chaqueta y logró escabullirse.

Jaime avisó a la policía. Los agentes llegaron enseguida y se llevaron la chaqueta como única prueba. Era de cuero negro, con remaches plateados. Parecía nueva.

Cuando llegué al día siguiente, Hugo aún

estaba emocionado por su gesta y por todo lo que ocurrió después, el revuelo de policías y las preguntas que le había hecho una agente «muy simpática» y que, por la voz, «parecía bastante joven».

—Me dijo que te conocía —añadió— y que aún les queda mucho trabajo por hacer. Dijo que tendré que ir a comisaría a testificar o algo, que ya me llamará. Se llama Merche.

De pronto pensé que todo aquello estaba muy bien. Muy bien para Hugo, claro, pero no solo para él.

Y que a veces lo malo acaba transformándose en una estupenda oportunidad de algo.

Raval

«Una reyerta se salda con, al menos, un muerto en el barrio del Raval de Barcelona», dijo la presentadora de las noticias.

Subí el volumen de la tele. Me acababa de levantar y aún no estaba muy despierto, pero procuré prestar atención. Una vecina del casco antiguo de Barcelona había grabado con su móvil a dos hombres que se peleaban a gritos en plena calle. La trifulca subía rápidamente de tono y los dos sacaban cuchillos. Uno de ellos, que en las imágenes parecía más fuerte, hería al otro varias veces en el abdomen. El herido comenzaba a sangrar (en la acera se apreciaban varias manchas de sangre) y se retorcía con las manos en la barriga. De pronto sacaba una pistola y descerrajaba tres disparos a su oponente, que caía redondo a sus pies.

La presentadora informaba de que el hombre tiroteado había muerto poco después en el hospital y que en estos momentos la policía estaba buscando al otro, del que se desconocía el paradero aunque se pensaba que estaba malherido. La pelea, añadía, podría tener que ver con el control de algunos pisos del barrio, donde se ejercía la prostitución y se vendía droga. La prostitución era solo la tapadera del auténtico negocio. Los vecinos conocían a los dos hombres y los habían identificado como habituales del barrio.

Llamé al sargento Roig enseguida. Le pregunté si había visto en la tele las imágenes de la reyerta del Raval. Dijo que no, que esa zona no era cosa suya, pero que lo averiguaría.

—Creo que el hombre al que han disparado era Antonio Medina —le informé.

—¿Estás seguro?

—No del todo. No se veía muy bien. Pero me lo ha parecido.

—Eso sería muy serio —dijo el sargento—. Y un poco raro. Que sepamos, los Medina nunca han tenido pisos en el Raval. Esa zona no es suya.

—Tal vez es verdad que las cosas están

cambiando —recordé, pensando en lo que había dicho Merche unos días atrás.

—Esperemos que no —contestó el sargento Roig, tal vez pensando en voz alta.

Horacio

El último día del año por la mañana encontraron a Horacio Medina ahorcado en su celda. La versión oficial fue que se trataba de un suicidio, pero sabíamos que no era así. Cuando el director de la cárcel habló con el sargento Roig, le dijo que pensaban que había sido un asesinato y que sospechaban de su compañero de celda, un matón que llevaba días buscando la oportunidad. Creían que alguien de fuera le había pagado para que lo eliminara. Además, todos sabían que enemigos no le faltaban a Horacio ni fuera ni dentro.

El registro de visitas de la prisión reveló que los Medina eran muy aficionados a ir de visita a la cárcel. En especial Antonio, que no daba un paso sin consultarlo con su hermano mayor. Aunque, para sorpresa de todos, también se supo que había algunos miembros de la familia Medina que no iban a la cárcel a visitar a Horacio, sino a otros reclusos. El compañero de celda de Horacio, por ejemplo, había recibido en el último mes varias visitas de personas que se apellidaban Medina. Lo más curioso es que no eran miembros fichados por la policía y que hasta entonces no habían tenido actividad dentro del clan. El sargento Roig lo interpretó como una confirmación de que una nueva facción de la familia se estaba organizando.

—Aunque si han conseguido librarse de Horacio son más peligrosos de lo que pensábamos —añadió.

—¿Y qué les pasa? —preguntó alguien—. ¿Ahora se han vuelto enemigos de ellos mismos?

Roig fue tajante:

—Los Medina son enemigos de cualquiera que se interponga en su camino.

Nochevieja

—Celebrar que el tiempo pasa es una idiotez. Como celebrar que el agua moja.

Eso es lo que pensaba Hugo de la Nochevieja. Como a mí tampoco me gustaba, le propuse que la pasáramos en su cuarto, comiendo pizza y leyendo relatos de terror.

—¿No tienes a nadie mejor que yo para pasar la última noche del año? ¿Y tu novia?

—Dejemos ese tema.

Adela esta vez no puso ningún reparo a nuestros planes. Comenzamos por *Cuento de Navidad,* de Dickens, el relato de fantasmas más famoso del mundo. Cuenta la historia del avaro Ebenezer Scrooge, quien en la noche de Navidad es visitado por los fantasmas del pasado, del presente y del futuro. No da mucho miedo, pero da mucho que pensar. Por ejemplo: ¿qué cambiarías del pasado, si pudieras? ¿Cómo cambiaría el presente si modificas tu pasado? O ¿cómo sería el mundo si tú nunca hubieras nacido?

Cinco minutos antes de las doce, una doncella con cofia llamó a la puerta del cuarto. Traía una bandeja con las uvas y dos copas de cava, por orden de Adela. Las dejó sobre la mesa y nos deseó feliz entrada de año. Nosotros continuamos a lo nuestro. Ni siquiera tocamos el contenido de la bandeja. Ninguno de los dos estaba de humor para celebraciones.

Tal vez Hugo pensaba en el fantasma de otras Navidades, pasadas o futuras, quién sabe.

Yo solo podía pensar en Xenia. Dónde estaría, qué estaría haciendo, de qué tratarían sus conversaciones. Y con quién estaría esa noche, celebrando que el tiempo pasa. Con quién, que no era yo.

Sobrino

—Me has decepcionado, colega.

Omar me miraba muy serio y sin pestañear. Estábamos sentados en los sillones articulados. La tele estaba apagada. Fuera el día era gris, desapacible. El año había comenzado con muy mal tiempo. No solo en la atmósfera.

—Lo sé —musitó, compungido.

—Has dado un golpe en casa de mis amigos. Utilizaste información que conseguiste gracias a mí. Eres un mierda.

Emitió una especie de gruñido, dándome la razón. No podía negar la evidencia.

—¿Vas a denunciarme?

—Ganas no me faltan —torció la boca con disgusto—, pero he pensado algo mucho mejor.

Se le abrieron mucho los ojos. No sé si de alivio o de curiosidad.

—Si devuelves todo lo robado y te largas de mi casa, te ayudaré.

Se quedó en silencio. No eran dos condiciones fáciles de cumplir. Yo lo sabía y él, también.

—No puedo, colega. Las cosas robadas no las tengo yo.

—Entonces, no hay trato. Voy a llamar a mi amiga —y saqué el teléfono.

—Espera, espera. No corras tanto. Preguntaré a mi tío.

—¿Es el cabecilla de la banda?

—Sí.

—Perfecto. Él no querrá que vuelvas a la cárcel, supongo.

—A él le da igual, colega. Solo se preocupa por sí mismo.

—Pero sabe que esta vez no te juzgaría un tribunal de menores.

—Claro.

—Y que la condena sería más larga. Y que saldrías con antecedentes. Eso es chungo, colega. Es para toda la vida, como una cicatriz.

Se llevó las manos a la cabeza, parecía desolado. No por todo lo que acababa de decirle, sino por no tener modo de evitarlo sin perjudicar a su familia.

—Lo que tienes que hacer es amenazar a tu tío con denunciarle si no te ayuda.

—No puedo denunciarle —negó con la cabeza con mucha vehemencia—. Es mi familia. Es el hermano de mi madre. Mi madre murió hace mucho. Mi madre quería mucho a su hermano. No puedo.

—Escúchame, Omar —le agarré por los hombros para que reaccionara—. No me has entendido. Escucha. Si convences a tu tío de que eres capaz de denunciarle a la poli, no tendrás que hacerlo. Se asustará, te dejará en paz y tú podrás buscarte un curro normal y vivir como el resto de la gente. La gente decente, colega. ¿O no quieres vivir como la gente decente? —sonreí, con una ironía que él no comprendió.

—No sé, colega. Nunca lo he intentado. Igual no podré. Soy un tarugo.

—Te estoy dando la solución a todos tus problemas. Si no la aprovechas, eres más tarugo de lo que crees.

Aún no sé cómo logré convencerle.

A regañadientes, marcó un número de teléfono y salió al balcón. La conversación comenzó en un tono de voz normal. Imaginé lo que estaba diciendo y la reacción de su tío. Enfado, indiferencia, egoísmo, odio. Imaginé sus negativas, sus explicaciones absurdas y su cabreo al escuchar las amenazas de su sobrino. No oía muy bien a Omar, que además hablaba en otro idioma, tal vez árabe, pero su tono me bastaba para entender. La conversación fue más larga que otras veces, hubo un par de momentos en que levantó la voz. Luego la bajó y pronunció un par de frases en tono cortante, aunque incomprensibles para mí. Cuando volvió a entrar, aún parecía un poco enfadado.

—¿Y bien? —pregunté—. ¿Qué te ha dicho?

—Que ya no pertenezco a la familia. Que no quiere volver a verme nunca más.

Hay algunas familias de las que es mejor no formar parte. Creo que Omar ya se había dado cuenta.

—Enhorabuena, colega —le dije.

Pesca

El segundo día del año, cuando mi madre salía del bar Carmen y apenas había caminado cincuenta pasos, alguien que esperaba escondido en una esquina la agarró, la inmovilizó y le hincó el cañón de una pistola en la espalda, justo entre los riñones.

—¿Dónde está tu hijo? —le susurró junto al oído.

Mi madre dijo que no lo sabía.

—Algo sabrás. Eres su madre —insistió el agresor.

—Vive en Barcelona —dijo ella, y mintió—: Pero no sé dónde. Hace más de quince años que no le veo.

Sin perder la calma, el pistolero susurró otra vez junto a su oído:

—Muy bien, puta. Mañana te lo volveré a preguntar. Si me dices que no lo sabes, dispararé. Si me mientes, tardaré un poco más, pero también dispararé. ¿Lo entiendes?

Mi madre asintió. El agresor la dejó ir. Ella no le reconoció, pero sabía que se trataba de uno de los sobrinos de Horacio. No sabía cuál, porque todos se parecían y ella apenas los recordaba de cuando eran pequeños.

De todo esto me enteré por una llamada de mi tía Carmen. Maite vivía en su casa desde que volvió de Londres, por eso fue la primera persona a quien le contó lo ocurrido. Mi tía trató de tranquilizarla, le preparó una infusión de hierbas y acto seguido marcó mi número.

—Tienes que hacer algo, Éric —me dijo—. Nos van a matar a todos.

Yo se lo conté al sargento Roig.

—Los Medina se han vuelto locos —dijo—. No sé qué les pasa, pero es grave.

Luego me preguntó quién conocía mi dirección, si se la había facilitado a mi madre. Le dije que no. En realidad, casi nadie la sabía. Solo Xenia (que no había puesto aún los pies en mi piso) y Omar (de quien no dije nada por no delatarle). El sargento Roig me advirtió de que corría peligro: los Medina me estaban buscando.

—A mí no me dan miedo los Medina —contesté.

—Mejor —contestó él, animado—, porque necesito que me ayudes a pescarlos. Y creo que se me acaba de ocurrir cómo voy a hacerlo.

—¿Cómo?

—Bueno, cualquier aficionado te dirá que para pescar un buen ejemplar se necesita un buen cebo. Lo mejor es uno vivo, lo más suculento posible, capaz de aguantar y resistir, porque no siempre pican a la primera...

No sabía a qué venía de pronto aquella clase de pesca. Intenté protestar, pero el sargento me interrumpió:

—Hablando claro, chaval. Yo soy el pescador. Los Medina son el buen ejemplar. Y tú eres el cebo.

Y a continuación me dio todos los detalles.

Beretta

El hombre que murió a tiros en el Raval era Antonio Medina. Encargado del negocio de los pisos, mano derecha de Horacio Medina (y uno de sus hermanos pequeños), aspirante a convertirse en el nuevo capo, enemigo de Manuel Medina, que era su primo segundo, y uno de los asesinos de Ben. Lo confirmó el informe forense unas horas después de la reyerta, y el sargento Roig convocó una reunión de emergencia para contarnos las últimas novedades.

—Creemos que el otro hombre, el que consiguió escapar, podría ser Bernardo Medina. Tiene 24 años, está loco, es muy fiel a Manuel y últimamente ha aumentado mucho su actividad. Las chicas que trabajaban para ellos en los pisos nos han contado un montón de cosas. Que el encargado de vigilarlas siempre fue Antonio. Las controlaba con mano de hierro, les cobraba el dinero, les pagaba su parte, atajaba los problemas, alejaba a clientes pesados, les vendía droga a precio de amigo y casi siempre se acostaba con ellas por la cara... Fue así durante años. Pero últimamente había aparecido otro Medina, más joven, más engreído, más cruel: Bernardo. Primero reclamó la mitad del negocio porque, según él, los pisos son de su padre y tiene derecho a beneficiarse de ellos. Enseguida lo quiso todo. Antonio le plantaba cara y no cedía fácilmente. Las peleas se volvieron habituales, pero siempre ocurrían de puertas adentro, en presencia de las chicas. Esta vez fueron mucho más lejos.

—¿Puede ser que les haya afectado la muerte de Horacio? —preguntó Merche.

—Por supuesto, Horacio movía muy bien los hilos, lo tenía todo controlado —observó el sargento—. Sin embargo, creo que hay algo más. Con los Medina todo es siempre muy complicado. Tenemos el informe de balística. Antonio murió a causa de tres disparos efectuados con una pistola Beretta del calibre 98. Es el mismo tipo de pistola con la que mataron a Marcelo. Creemos que tienen más de ese tipo y que podrían pertenecer a una misma expedición. El año pasado, una caja con treinta Berettas fue robada del barco que las transportaba antes de que entrara en el puerto de Barcelona. Pensamos que quien robó las Berettas lo tenía todo planeado. Y también pensamos que aún no ha acabado de utilizarlas.

Compañera

—¿Sabes lo que ha pasado? ¡No te lo vas a creer! —dijo Hugo, nada más olerme—. ¡Los ladrones han devuelto todo lo que se llevaron! Los cuadros, las teles, las joyas, el dinero, la alfombra, ¡no faltaba ni el azucarero de plata que pillaron en la vitrina del salón! En un rato volverá aquella policía tan simpática que me interrogó el otro día. Nos han dicho que no toquemos nada.

—¿Dónde lo han dejado?

—En el ascensor privado —dijo Hugo—. Pensaba que mi padre se volvía loco al verlo. ¡Tendrías que haber oído los gritos que daba!

«Omar es un chico listo», pensé.

La casa y todos sus habitantes estaban revolucionados. Hugo no tenía ganas de escucharme leer. Nos interrumpían a cada rato. Adela nos trajo algo de merendar. A eso de las seis, llegó Merche, acompañada de otro compañero.

—Los ladrones han sido muy cuidadosos. No han dejado huellas dactilares en ninguno de los objetos recuperados —informó—. Así que no tenemos nada.

—¿Por qué han devuelto las cosas? —preguntó Hugo

—Ni idea. Pensamos que puede guardar relación con la intervención de una tercera persona —Merche me dedicó una mirada cargada de intención, que Hugo no detectó, claro—. Pero, igualmente, si es así, nunca lo sabremos. Es una manera de actuar completamente atípica. Lo importante es que no hay que lamentar pérdidas.

Había avisado a Adela de que aquel día me tendría que ir un poco antes por un asunto muy importante. No dije qué asunto. Cuando llegó la hora, el sargento Roig me envió un mensaje. «Estoy en la esquina, de incógnito», decía. Significaba que no había venido con el coche patrulla, sino con otro que pasaría inadvertido allí donde nos dirigíamos. Es decir, a mi barrio, donde los policías son tan habituales como mal recibidos. La jornada de pesca estaba a punto de comenzar.

No quise ponerme solemne al despedirme de Hugo, pero supongo que me traicionó el subconsciente.

—Te dejo en buenas manos, colega. He traído a una amiga que ocupará de buena gana mi lugar. Espero que lea peor que yo y no me quite el trabajo. A menos que no vuelva, claro.

Hugo frunció el ceño. Supo que algo ocurría. Preguntó:

—¿Esto de qué va, tío?

Merche me dio un abrazo y me deseó «Buena suerte» en susurros. Me pareció que de verdad se preocupaba por lo que iba a pasar. Luego se sentó en la butaca que yo solía ocupar, con su uniforme de policía, la melena rubia recogida en una coleta, el libro sobre sus piernas cruzadas, y comenzó a leer.

Les había dejado el ejemplar de *Frankenstein*. Estaban en el capítulo dieciséis, cuando el monstruo termina de contar su historia y le pide a su creador un único deseo. Antes, le confiesa su soledad y su tristeza. Su desesperación más absoluta. Nadie quiere estar solo, y él no tiene a nadie. Todos se asustan al verle. Por eso necesita a alguien.

Una compañera que no se asuste de él, que le comprenda.

No se me ocurría nadie mejor que Merche para leer ese capítulo. Ni nadie mejor que Hugo para escucharlo en su voz. «Una compañera de mi misma especie —dice el monstruo—, que tenga los mismos deseos que yo». Su voluntad es la de cualquiera de nosotros. Nadie es capaz de soportar mucho tiempo la soledad. Ni siquiera los monstruos.

Información

Merche era la única persona del mundo a quien podía hablarle de Omar, contarle todo lo que había ocurrido, confesarle que estaba un poco asustado con los planes del sargento Roig y contarle lo de Xenia. Fue la noche anterior, en mi piso. Omar acababa de largarse (dejándome los sillones articulados y el resto de los regalos) y por fin mi casa volvía a ser mi casa. Un lugar para mí solo. Un solo cepillo de dientes en el bote del baño. Mi champú, solitario, en la repisa de la ducha.

—Los celos son una enfermedad —me dijo Merche—. No dejes que te afecte, Éric. Muchas veces no tiene cura.

Compré comida turca en el bar de abajo y la invité a cenar. Nos aposentamos en los sillones verdes. Hablamos de mis problemas, de la cárcel, del sargento, pero enseguida la conversación se desvió hacia otra parte. Hugo. Merche tenía muchas ganas de hablar de él. Me preguntó muchas cosas. De sus padres, de su vida, de sus gustos. De hecho, se pasó el rato hablando de Hugo.

—¿Sabías que cuando tuvo el accidente iba a más de ciento veinte por la Carretera de les Aigües y, además, sin licencia? —dijo, y me sorprendió que tuviera tanta información—. Lo raro es que no se matara.

—Algo sabía.

—¿Y sabías que amenazó a un profesor? Nada grave, pero le expulsaron. Su padre lo solucionó haciendo un donativo a la escuela y volvieron a admitirle.

—Vaya. ¿Por qué agredió al profesor?

—Porque acusó a su novia de copiar en un examen.

—¿A Valentina?

—¿La conoces?

—Más o menos.

—¿Aún es su novia?

—Hace tiempo que no. Ni siquiera le visitó después del accidente.

—Y su intento de suicidio de la semana pasada no fue el primero. También lo intentó diez días después del accidente. Se tragó medio botiquín. En el hospital le salvaron la vida.

—¿Y tú cómo sabes todo eso?

—Ya ves... —Desvió la mirada.

—¿Has estado buscando en los archivos policiales? —Se puso un poco colorada—. ¿En serio?

—Hago mi trabajo.

—Ya. Y, además, te gusta, ¿no?

—Bueno —balbuceaba un poco—, es un tío interesante. Diferente.

—¿Porque no te come con los ojos? ¿Porque ni siquiera te ve?

—Porque da importancia a lo esencial. Y lo esencial es invisible a los ojos. Esto me lo dijo él.

Reconocí la cita nada más oírla. Era del primer libro que le leí a Hugo, *El principito,* de Antoine de Saint-Exupéry. Se suponía que Hugo lo detestaba. ¡El muy tramposo!

Aunque debía reconocer que tenían razón. Los tres: Hugo, Merche y Antoine de Saint-Exupéry. Para lo que de verdad es esencial, no son necesarios los ojos.

Goalball

Le dijimos a Adela que Hugo tenía que prestar declaración en la comisaría y que debía ir solo, pero que no tenía de qué preocuparse porque un agente vendría a buscarle y le devolvería luego a casa. Le dijimos que los de la policía eran lentos y que aquello podía tomarnos bastante tiempo. Adela no tuvo más remedio que aceptar. A regañadientes, pero aceptó.

A las diez de la mañana, Merche, vestida con su uniforme, se presentó en casa de Hugo y dijo que venía a recogerlo para llevarle a la comisaría. Hugo y yo ya la estábamos esperando, con nuestras expresiones más formales. Adela nos dio las mil instrucciones de siempre, todas innecesarias. Hugo atajó:

—Mamá, la teniente tiene prisa.

Por poco nos da un ataque de risa. ¿Teniente? ¿De dónde había sacado Hugo aquel cargo? Después nos explicó que era un modo de impresionar a su madre para que le dejara tranquilo. Funcionó, desde luego.

—Además, si aún no eres teniente, lo serás. Solo es cuestión de tiempo —opinó Hugo.

Lo de la declaración en comisaría era mentira, claro. En realidad, todo formaba parte del trato que habíamos hecho Hugo y yo en Nochebuena, y al que Merche se había sumado en su día libre solo para ayudar un poco. Eso decía ella, aunque yo me daba cuenta de que había algo más. Merche se moría de ganas de volver a ver a Hugo. Y Hugo deseaba que ella volviera, aunque, por supuesto, tampoco lo reconocía.

Lo tenía todo meticulosamente organizado, como si se tratara de una operación policial. No podía permitirme que algo saliera mal. Sabía que Hugo no me iba a dar otra oportunidad. Por la mañana nos esperaban en el gimnasio, para darnos una clase de *goalball*. El monitor era un chaval dicharachero, que comenzó contándonos las reglas. Antes de facilitarnos la equipación, preguntó:

—¿Cuánto hace que no practicáis deporte?

Hugo soltó un bufido, indicando que hacía demasiado tiempo. Yo fui totalmente sincero:

—Nunca.

—Pues menudo equipazo —dijo el monitor—. Tal vez deberíais empezar por aprenderos las reglas y familiarizaros con el material.

Merche también andaba por ahí, en una de esas máquinas que robustecen los bíceps. A nosotros nos instaló en las cintas de caminar.

—Por lo menos media hora de cinta y otra media de bici —dijo—. Luego, si aún estáis vivos, hablamos.

Hugo se puso a caminar sobre la cinta. Al principio, muy callado, concentrado en los mandos, cuyo funcionamiento trataba de aprender. El botón de la derecha subía la velocidad, el de la izquierda paraba. Había un indicador acústico de los kilómetros recorridos. En cuanto dominó los mandos, noté que comenzaba a animarse. Se notaba que era alguien acostumbrado a hacer deporte y que alguna vez había estado en forma. De hecho, aún lo estaba, en comparación conmigo. Llevábamos unos diez minutos cuando dijo:

—Ya no recordaba esta sensación.

En mi caso, la sensación se limitaba a no poder respirar y tener ganas de tumbarme sobre la cinta, pero me alegró verle así, contento. Creo que era la primera vez que le veía tan contento. No hacía más que subir la velocidad y caminar cada vez más rápido. Hasta Merche se extrañó.

Cuando terminó la tonificación, el monitor volvió a buscarnos.

—¿Estáis listos para que os demos una paliza, novatos? —preguntó.

—Igual os la damos nosotros —contestó Hugo, contagiado de un espíritu deportivo que acababa de recuperar y que tal vez siempre había formado parte de él.

Merche, Hugo y yo formamos equipo. A Merche y a mí nos pusieron un antifaz que nos impedía ver nada. Nos enseñaron a colocarnos el peto (es muy importante llevar las protecciones adecuadas) y practicamos la posición de defensa, que nos pareció lo más complicado, porque hay que adoptarla tumbado en el suelo. Aprendimos a identificar las franjas rugosas que delimitan las distintas áreas del campo, a reconocer el sonido del balón y a ocupar nuestras posiciones. Tardamos un buen rato en hacernos con todo, era más difícil de lo que pensábamos. Finalmente, comenzamos a jugar. Los primeros cinco minutos fueron trepidantes, demasiado rápidos para nosotros. Menos mal que Hugo enseguida le pilló el truco y empezó a atacar. Merche y yo hicimos lo que buenamente pudimos.

—Olvidaos de lo que no podéis ver y concentraos en lo que podéis tocar y oír —dijo el monitor.

Esa frase nos hizo reaccionar, o algo parecido. Metimos diez goles en los siguientes ocho minutos. Ganamos por un amplio margen.

—La suerte del principiante —dijo el monitor, aceptando la derrota.

Cuando me quitaron el antifaz, me di cuenta de que Hugo tenía una gran sonrisa de satisfacción dibujada en la cara.

—Bueno, ¿qué? ¿Os apuntáis al equipo o solo habéis venido aquí para humillarnos? —preguntó el monitor.

Y como Hugo no dijo que no, el chaval añadió:

—Bienvenido, Hugo. Vas a ser el fichaje estrella de la temporada.

Y para celebrarlo, Merche le dio un beso en los labios.

Despedida

Nunca he sido buen actor. Cuando en el colegio tocaba representación teatral, yo siempre quería hacer de árbol. O ser el que sujeta el decorado. Cualquier otra cosa destrozaba la obra.

El sargento Roig me entregó un guion con todo lo que tenía que hacer. Él me dejaría al principio de la Avenida Once de Septiembre. Tenía que caminar («con mucha tranquilidad», decía el papel) hasta el bar Carmen. Más de doscientos metros en los que ellos me seguirían de cerca en un coche camuflado. Antes del bar de mi tía, tenía que pelearme «con insultos y gritos» con un chaval. El chaval era un colaborador del sargento, y para ponerme las cosas más fáciles me haría la zancadilla un par de metros antes de la puerta. Se trataba de fingir que iba, como todo buen hijo, a visitar a mi madre. Si todo salía bien, y dando por supuesto que los Medina vigilaban el bar desde hacía tiempo, llamaríamos su atención y se lanzarían sobre mí. Lo único que quedaba por ver era si me devorarían de un solo bocado o si preferirían saborearme.

—Nosotros te estaremos vigilando. Correrás el mínimo peligro.

No tenía ni idea de cuánto peligro era «el mínimo peligro», pero seguro que era más del que me apetecía correr. Lo sospechaba porque me habían puesto un chaleco antibalas y me habían dado instrucciones precisas de qué debía hacer en caso de que me amenazaran con una pistola o con un arma blanca. Yo no iba armado, pero llevaba un localizador en la suela de una de mis deportivas que les permitiría saber en cualquier momento mi posición exacta. El sargento Roig me contó también que para esta operación iban a utilizar drones y que en alguna parte estaba preparado un helicóptero, por si acaso.

Me sentí como el protagonista en una peli de acción de esas malísimas donde explota todo. Mejor: como el doble del protagonista de una peli de acción, como ese desgraciado que solo sale en pantalla para que le arrojen desde lo alto de un edificio o le quemen a lo bonzo. «Bueno, mejor eso que nada», pensé.

La noche anterior le escribí un mensaje a Xenia. Era un mensaje de despedida. Solo por si acaso. Decía:

Querida Xenia: si esta carta llega a tus manos, significa que no nos veremos nunca más. Por eso quiero que sepas algunas cosas. La más importante: antes de conocerte, no me importaba la vida. Tú cambiaste eso, y quería darte las gracias. También por quererme. Aunque solo hubiera sido un minuto, habría valido la pena. Eres la persona más maravillosa que conozco.

También quería pedirte perdón. Por desconfiar de ti. Por no creerte. Por sentir celos, como si tú fueras mía. Como si las personas pudieran ser de otras personas. No sé si aún me quieres, pero no importa ahora. Lo único importante es que yo te amaría aunque viviera cien años. Y si muriera ahora mismo, mi último pensamiento sería para ti. Necesitaba que lo supieras. Por favor, no lo olvides nunca. Éric.

Le entregué el mensaje al sargento Roig y le di instrucciones precisas de lo que debía hacer con él, en caso de que algo saliera mal.

En todo momento tuve claro que algo podía salir mal. También por eso llamé a mi tía. Quería saber cómo estaba.

—No muy bien, cariño —contestó—. Nadie debería enterrar a un hijo, es antinatural. Pero me alegro de que me llames. Te echaba de menos.

—Solo quería darte las gracias, tía.

—¿Gracias por qué, cielo?

—Por los bocadillos de tortilla —soltó una risita— y por querer ser mi familia.

Se quedó tan sorprendida de este arrebato de cariño por mi parte que no supo qué decirme. Pero aún más le sorprendió lo que vino a continuación.

—¿Puedes pasarme a Maite, por favor?

—Claro, cielo, claro. Enseguida la aviso.

No tenía tiempo ni energía para mantener una conversación larga. Me acordé del cuento de los tres deseos y decidí formularle tres preguntas. Solo tres. Se pueden resolver muchas dudas en tres preguntas. La primera:

—¿Por qué has vuelto?

Agradecí que me contestara con sinceridad, directa al grano, sin dramatismos:

—Las cosas han cambiado. Las mías, las del barrio. Me enteré de que Horacio estaba en la cárcel. Yo me he hecho vieja. Echaba de menos esto. También a tu tía. Y, lo más importante —hizo una pausa—, estaba harta de hablar inglés.

Soltó una risita. Yo también. Creo que eso nos sorprendió a los dos. La risa siempre mejora las cosas. Los médicos deberían recetar risas en lugar de medicinas. Valoré mucho que mi madre no se pusiera dramática, que no me hablara de su enfermedad, de la auténtica causa de su regreso. Pensé que igual no le gustaban los dramas. Pensé que tal vez en eso me parezco a ella.

—¿Quién es mi padre? —fue mi segunda pregunta.

—No lo sé —dijo, tan rápido que pensé que llevaba toda su vida esperando esa pregunta—. Me gustaría poder decírtelo, hijo, te lo prometo, pero la verdad es que no lo sé con certeza. Nunca lo he sabido.

Cambié mi tercera pregunta sobre la marcha. Necesitaba llegar un poco más lejos.

—¿Podría ser Horacio Medina? Sé que te enrollaste con él.

—¡No me enrollé con él! ¡Ese cerdo nunca me gustó! —levantó la voz, mostrando por primera vez una emoción—. Me perseguía desde adolescente. Por su culpa me enganché a la droga. Se las apañó para que trabajara para él en un piso de chicas cercano al aeropuerto. Entraba y salía cuando le daba la gana, hacía lo que quería. Abusó de todas. Varias veces —hizo un silencio, como esperando una reacción mía que no llegó—. Ninguna de nosotras podía negarse. Entonces llegó tu padre, que era un buen hombre, y me sacó de allí. Al poco tiempo descubrí que estaba embarazada. Él no hizo preguntas. Seguro que se dio cuenta de que no tenía respuestas. A veces es mejor no tenerlas. ¿No crees?

Para cambiar de tema, recuperé la tercera pregunta, que ahora era la cuarta.

—Mientras viviste en Londres, ¿pensaste en mí alguna vez?

Se hizo un silencio largo. Me pareció escuchar un sollozo al otro lado, pero creo que Maite se esforzó para que no lo notara. Se lo agradecí. Me pareció sincera cuando dijo:

—Cada día de mi vida.

Cebo

Al principio todo salió según lo previsto. Caminé con calma por la avenida, en dirección al bar de mi tía. Me paré varias veces, para que tuvieran tiempo de verme. Compré un periódico, me abroché un zapato, me entretuve hablando por el móvil. Cuando llegué al bar y el colaborador del sargento me puso la zancadilla, me encaré con él y le grité bien fuerte cosas que sería incapaz de gritarle a nadie. Sabía que había muchos ojos observándome. La gente de Roig y la de los Medina. No me puse nervioso. Creo que fue la mejor actuación de mi vida. Mi profesora de lengua de primero de la ESO se habría sentido orgullosa de mí.

Entré en el bar de mi tía y esperé a que ocurriera algo. Pero todo estaba en una extraña calma. La tele estaba puesta. Retransmitían el sorteo de Lotería del Niño. Los pocos clientes que había en el bar miraban la pantalla, absortos, con la esperanza de hacerse millonarios. Una de las más interesadas era una viejecita menuda, de pelo blanco, que tenía cuatro décimos sobre la mesa y no paraba de compararlos con los que salían en la pantalla y de negar con la cabeza, disgustada. Me dio un poco de lástima.

Me senté frente a la barra. Mi tío me sirvió una naranjada. Normalmente no estaba allí, pero aquel día había decidido colaborar un poco. Mi tía estaba arriba, nerviosa, rezando para que todo saliera bien. Mi madre estaba con ella. El sargento Roig les había pedido que, pasara lo que pasara, no se asomaran a la ventana ni aparecieran por el bar.

Transcurrió más de una hora sin que ocurriera nada. La vida seguía su lento curso habitual. En mi barrio las horas siempre parecen discurrir más despacio que en otros sitios. Mi tío me sirvió otra naranjada. Todo el mundo se había ido a comer. En el bar no quedaba otra clienta que la viejecita de los décimos de lotería, que se había dormido con los brazos apoyados sobre la mesa. Daba aún más pena que antes. Nadie se atrevió a despertarla.

Me acordé de la metáfora de pesca del sargento Roig y pensé en el gusano ensartado en el anzuelo. ¿Cómo debe de sentirse si ningún pez quiere comérselo? ¿Aliviado? ¿Decepcionado? ¿Perplejo? ¿Qué hace si transcurren tres horas y no pasa nada?

A las cuatro y media recibí la llamada del sargento Roig:

—Abortamos la operación —me informó—. No entendemos por qué no ha funcionado. Espera ahí, que en un rato irá a recogerte una patrulla para llevarte a casa. Y dile a todo el mundo que puede volver a su vida normal.

—Entendido —contesté.

Di la noticia a mi tía, a Maite, a mi tío. Aproveché para relajarme un poco. Mi tía se metió en la cocina y comenzó a preparar algo de merendar. Estábamos todos muertos de hambre. Mi tío bajó la persiana de la puerta principal y aprovechó para ir al baño.

Era la víspera del día de Reyes. Esa tarde en que la gente normal aprovecha para llevar a los niños a ver cabalgatas o para envolver los regalos. Pero en el bar de mi tía no había gente normal. Solo los residuos de algún subgrupo chungo.

A las cinco y media entraron en el bar dos chicos jóvenes. Pidieron disculpas por haber dejado allí a su abuela tanto rato, dijeron que venían a recogerla para llevarla a casa. Pensé que sus caras me sonaban de algo, pero no le di mucha importancia. Al fin y al cabo, allí todos nos tenemos muy vistos. Uno de ellos pagó la cuenta de la vieja, que incluía varios vasos de anís. Se acercaron a la mujer y la despertaron suavemente. Yo saqué el teléfono y revisé si tenía algún mensaje. No había nada. Cuando levanté la vista, vi a los dos hombres sujetando a la anciana, que apenas podía tenerse en pie. Me pareció una preciosa estampa de amor familiar.

—¿Te importaría abrirnos la puerta del coche? —me preguntó uno de ellos.

Había un vehículo junto a la acera, esperando. Los dos hombres condujeron a la anciana hasta allí casi en volandas, sujetándola cada uno por un brazo.

—La puerta de atrás —me pidieron.

Abrí la puerta trasera y la sujeté mientras la pobre mujer subía con mucho trabajo al vehículo. Esperé a que se acomodara para cerrar la puerta, pero antes de que pudiera hacerlo alguien me empujó con tanta fuerza que perdí el equilibrio y fui a dar sobre el mismo asiento donde acababa de acomodarse la señora. Antes de que pudiera darme cuenta, la puerta se había cerrado de un golpe y el vehículo se alejaba a toda velocidad.

Pero la mayor sorpresa estaba aún por venir. Nada más arrancar, la viejecita pareció rejuvenecer un par de décadas, adoptó una postura erguida, cambió el aspecto adormilado por otro amenazador, sacó de entre sus faldas una pistola y me apuntó con ella a la cabeza.

—Hola, Éric. He oído hablar mucho de ti. Tenía ganas de conocerte —dijo, a la vez que me ofrecía una mano arrugada, suave, de uñas largas sin pintar—. Soy Isidora. La nueva jefa del clan de los Medina.

Estaba tan perplejo que solo pude contestar:

—Mucho gusto.

Pescado

De pronto, mientras el cañón de una pistola reposaba en mi sien, caí en la cuenta: ya sabía de qué me sonaban los dos chavales jóvenes que acompañaban a Isidora Medina. Los vi por primera vez en la timba donde pillamos a Horacio. Eran dos de los vigilantes que rodeaban el perímetro de la finca. Dos gorilas sin rango ni importancia. Estaba claro que habían sabido espabilarse muy bien. Y también que Isidora Medina había sabido captar a los fieles de otros capos. Eso significaba que era hábil, tal vez más hábil que ninguno de los que competían con ella a la vez que despreciaban sus capacidades.

—Creo que la última vez que te vi ibas en un carrito de bebé —dijo Isidora, que hablaba con una voz dulce y melodiosa.

Como era un día raro a una hora rara no encontramos nada de tráfico. El coche se metió por la autopista y recorrió unos cuantos kilómetros, hasta la Zona Franca. Había poca actividad entre las naves industriales. Apenas algunos camiones circulando por las desoladas avenidas. Recorrimos varias calles, hasta llegar a un local sobre cuya puerta se leía:

PESCAFRESCO
DISTRIBUIDORES DE PESCADO

No pude evitar sonreír pensando en el sargento Roig y en sus metáforas de pesca. Seguro que a él también le divertiría descubrir aquella coincidencia. A veces la vida tiene un sentido del humor muy extraño.

Dejaron el coche en el aparcamiento y me obligaron a salir. Recorrimos unos metros hasta la nave, que apestaba a pescado y estaba llena de neveras y congeladores. En mitad de todos ellos había un sofá y una mesita llena de vasos vacíos. Pensé que aquel sitio tan raro era el que utilizaba la nueva mandamás para hacer sus negocios.

Uno de los chavales abrió la tapa de uno de esos congeladores con forma de gran arcón.

Me fijé en que estaba desenchufado, y también en que tenía la tapa reforzada por fuera con grandes barras de hierro y una cerradura donde se encajaban dos enormes candados.

—Quítate los zapatos —dijo doña Isidora, sin dejar de apuntarme con la pistola— y dame tus dos móviles.

Hice todo lo que me pedía. El siguiente paso no me sorprendió:

—Entra —señaló el interior del congelador.

No era tan estrecho como parecía desde fuera, pero sí mucho más incómodo. Me llamó la atención que no olía a nada, como si fuera nuevo. En cuanto estuve dentro, me empujaron y cerraron la tapa. Les escuché colocar los candados en las cerraduras, seguidos de dos clics metálicos que me aceleraron los latidos del corazón.

Quedé en la más absoluta oscuridad. Me acordé de Hugo. De Xenia. De Merche, la policía más lista del mundo. Me llegó la voz dulce de doña Isidora desde fuera:

—Ya está. Ahora solo tenemos que esperar a que aparezca el pez gordo. No creo que tarde.

Precio

Se dicen muchas tonterías sobre la gente invidente. Una de ellas es que los ciegos tienen más desarrollados otros sentidos, como el oído o el tacto. No es verdad. Los sentidos ni se atrofian ni se hiperdesarrollan. Aunque cuando tienes que valerte por ti mismo, aprendes a utilizar todo lo que tienes disponible.

Dentro del congelador, rodeado de oscuridad, traté de aguzar el oído al máximo. También intenté pensar, llegar a alguna teoría que explicara lo que estaba ocurriendo. ¿Por qué Isidora Medina me había secuestrado? ¿Qué quería de mí? ¿Por qué me había quitado los zapatos y los teléfonos? ¿Cómo sabía que tengo dos teléfonos, si nadie más que el sargento y yo lo sabíamos? ¿Y por qué me retenía dentro de un congelador? ¿A qué estábamos esperando? Tardé un poco en tener claras todas las respuestas.

De pronto oí un ruido fuera. La puerta que se abría. Pasos. Voces. La de uno de los chicos, la de Isidora, la del sargento Roig. Una conversación, o algunas partes de ella. Las suficientes.

—¿Sorprendido? —era la voz de Isidora.

Contestó el sargento Roig, tenso:

—Bastante. Creía que las mujeres de tu familia no se metían en líos.

—Estás un poco anticuado, sargento. Hoy día ninguna mujer les deja las cosas importantes a los hombres.

—Por cierto, ¿nos han presentado?

—Ay, qué mal educada. Perdona. Soy Isidora Medina, encantada de saludarle, sargento.

—¿Puedo preguntar qué hago aquí? ¿Y por qué me han obligado a entrar solo?

—«Obligado» es una palabra un poco fea. Te he pedido. He insistido. Con educación. La conversación que quiero mantener contigo es privada.

—¿Conversación sobre qué?

—Negocios.

—La respuesta es no.

—Pero si aún no sabes lo que voy a pedirte. Siéntate, por favor, aquí, en el sofá, ponte cómodo. ¿Te apetece un whisky?

—Preferiría que dejaras salir a mi colaborador.

—¿Te refieres a Éric? ¡Hay que ver cómo ha progresado ese chico! ¿Sabías que lo conozco desde que era un bebé? También conocí a su madre. Me han dicho que se está muriendo, por cierto. Debe de estar orgullosa de su hijo. Es bonito que la juventud se espabile, que hagan cosas.

—¿Dónde está Éric?

—Se ha retirado a descansar. Tranquilo, está bien. Si todo sale bien, podrás verle pronto.

—¿De qué depende que todo salga bien?

—Ya sabes que en las últimas semanas ha habido muchas bajas en mi familia, todas violentas e inesperadas. Ha sido una lástima, un auténtico drama. Pero todo el mundo sabe que antes de redecorar la casa hay que tirar a la basura los trastos viejos, ¿no? Y, claro, las mujeres sabemos mucho de estas cosas. Así que ahora ya podemos empezar con la decoración. Por supuesto, quiero lo mejor. Por eso te he hecho venir. El chico ha sido el reclamo, lo reconozco. Pero a quien quiero es a ti. Si te unes a mí, haremos grandes negocios. Seremos los mejores.

—¿Por qué tendría que unirme a ti?

—Por dinero, claro. En grandes cantidades. Soy consciente de que todo el mundo tiene un precio y que el de los mejores no puede ser bajo.

Se hizo un silencio largo. Traté de imaginar la expresión de desprecio del sargento Roig. No había en la policía un hombre menos sobornable que él, ni más honesto. Estaba seguro de conocer la respuesta antes de oírla. Por eso me sorprendió escuchar:

—¿De qué cantidad estamos hablando?

—De millones. Irás a comisión. El veinte por ciento de todas mis ganancias netas.

—¿A cambio de...?

—De protección, de impunidad, de hacer la vista gorda, de evitarme dolores de cabeza..., en fin, todo ese tipo de chanchullos que solo podéis hacer los policías. Seguro que tú sabes de eso más que yo. Yo solo quiero vivir tranquila.

—Para ti y para el resto del clan, supongo. Lucas, los hermanos de Horacio...

—Yo hablo de mí —la jefa levantó la voz—. Todos esos, que se espabilen. Ya son mayorcitos.

—Creía que los Medina estaban muy unidos.

—Lo estaban, supongo. Hace mucho. Pero ellos siempre despreciaron a las mujeres. Y también despreciaron a mi abuelo, que era hermano de don Nicolás. Siempre nos hicieron de menos, nos dejaron aparte. Ya era hora de demostrarles cuánto valemos, ¿no crees? Y lo mucho que podemos perjudicarlos, si nos lo proponemos. Todos ellos tienen mucho que perder. Y mucho que esconder, también.

—¿Como el asesinato de Ben?

—Eso fue lo más fácil. ¿A quién se le ocurre grabar un vídeo de una masacre como esa? —soltó una risita suave, como todo en ella—. Solo tenía que enviárselo a la policía para que se mataran entre ellos. Fue un modo inteligente de quedarme sin competencia: dejar que se aniquilen unos a otros.

—Pero han muerto también inocentes.

—Sí, es verdad, pobre Marcelo. Antonio

siempre fue muy vengativo, no le perdonó que los delatara.

—Pero no solo fue culpa de Antonio y del pistolero que apretó el gatillo. También fue culpa tuya, por enviar el vídeo. Y por venderles armas. Porque se las vendiste tú, ¿verdad? Las Berettas robadas.

Isidora esperó un poco antes de contestar. Cuando lo hizo, empleó su voz más meliflua:

—Claro, sargento. Es una vieja máxima de guerra: si quieres que dos bandos se aniquilen entre ellos, no basta con darles motivos. También hay que darles armas con que hacerlo. Es mucho más práctico.

—¿Y qué pasa con las muertes de inocentes?

—Bueno, en todas las guerras hay daños colaterales. Y gente que estorba.

—Así que planeas matar a todo el que te estorbe.

—¡Por supuesto que no! Antes les doy la oportunidad de unirse a mí. Con mis condiciones, claro. Al fin y al cabo, son de mi familia.

Estaba admirado de la astucia y de la habilidad del sargento Roig. Antes de darle ni siquiera algo que se pareciera a una respuesta a la nueva jefa de los Medina, había conseguido de ella una confesión completa.

—Te felicito, Isidora —dijo el sargento—, veo que lo tienes todo muy bien organizado.

—Claro, sargento. ¡Soy mujer! ¿Qué esperabas? Pero aún me falta una pieza para que el rompecabezas quede perfecto: tú.

—Yo no soy tan importante.

—Sí que lo eres. Si trabajas conmigo, te harás millonario. ¿Necesitas probar? ¿Quieres empezar hoy? Tengo una operación a punto. En el puerto, un alijo importante. Por ser la primera vez, te ofrezco el veinticinco por ciento. Oferta de bienvenida. Yo de ti no lo dejaría escapar.

—¿De qué se trata?

No di crédito a lo que acababa de escuchar. ¿Roig estaba aceptando las condiciones de Isidora Medina? ¿Se estaba vendiendo? ¡No era posible!

—Carbón de caramelo. En sacos, dentro de las barcazas que transportan a los Reyes Magos hasta el puerto, para que empiece la cabalgata. La mercancía se desembarcó ayer desde un pesquero noruego que transportaba salmones. Cien kilos de clorhidrato de cocaína. Unos cuarenta millones de euros. Te dejo unos segundos para que calcules tu parte.

—Y el chico.

—¿Cómo?

—El veinticinco por ciento y mi ayudante.

—Claro —dijo Isidora, suavemente, y yo sentí un alivio inmediato, nada más pensar que iba a salir de aquella oscuridad—. Tendrás al chico una vez que nosotros tengamos los sacos de carbón de azúcar con la mercancía. Ni un segundo antes. Es lo justo. No hay pago sin servicio.

—Es lo justo —repitió Roig.

Trataba de adivinar qué se proponía el sargento. ¿Ganar tiempo? ¿Salvarme? ¿O realmente estaba dispuesto a aceptar el trato de la nueva mandamás de los Medina?

—Necesito una respuesta rápida —dijo ella—. La cabalgata de los Reyes Magos está a punto de empezar. Tenemos que darnos pri...

En ese momento sonó un primer disparo, seguido de otro, y otro más. Primero, explosiones aisladas. Enseguida, un estruendo ensordecedor.

También se oyeron voces:

—¡Sargento! ¡A cubierto!

Y uno de los hombres de Isidora:

—¡Era una trampa!

—¡Un helicóptero!

—¡Tenemos que irnos!

—¡Jefa!

Los disparos cubrieron todas las palabras. Durante unos minutos eternos, solo se oyó el retumbar de las pistolas. También pasos, golpes, gritos, el rechinar de los neumáticos de un coche, o de varios. Imaginé que alguien había resultado herido y que alguien había huido. Temí varias veces que alguna bala agujereara las paredes del congelador donde me habían encerrado. Por suerte, todo ocurrió muy aprisa. De pronto, todo terminó. Aunque la nueva calma no parecía traer buenos augurios. Una voz masculina preguntó:

—¿Está muerto?

Y alguien dijo:

—Creo que sí.

Y enseguida, la voz de Isidora que decía:

—Vamos, hay que irse antes de que lleguen más. Solo quedamos tú y yo, ¿puedes conducir? Vamos, sube. Hay que irse. Pero antes...

Escuché pasos que se acercaban y manipulaban algo en la tapa del congelador. Pensé que iban a liberarme, o a matarme, pero no. Noté una especie de zumbido eléctrico seguido de un ronquido mecánico muy cercano. Al principio no supe qué habían hecho, pero enseguida caí: un motor. Algo se había puesto en marcha. El motor del congelador. Fuera, oí la voz que decía:

—Ya está. Siempre me pareció que este chico era un poco frío —y soltó una risita.

Un segundo más tarde oí cerrarse las portezuelas del coche y las ruedas rechinar en el pavimento, alejándose a toda velocidad.

Luego, el silencio.

Enseguida comencé a notar el frío. Empezó por abajo, pero pronto fue extendiéndose a todo el congelador. Se hizo más intenso. Tiritaba. Aporreé la puerta, intenté salir, aunque sabía que era inútil. Había visto los candados, sabía que no podría romperlos. Pedí socorro. Tan fuerte como pude, con la esperanza de que alguien me oyera. Estuve así unas dos horas, que fue el tiempo que calculo que tardé en sentir que me costaba moverme. Mis músculos habían dejado de responder correctamente. Me di cuenta de que experimentaba el primer síntoma de una hipotermia aguda: ya no era capaz de tocarme el dedo pulgar con el meñique de la misma mano. En el siguiente paso se me congelarían las orejas, la nariz y los dedos de los pies y las manos. Aunque tal vez aún no era irreversible, si no pasaba mucho tiempo. Sabía qué vendría después, lo había leído: una sensación de gran bienestar, un sueño plácido... Se me congelarían los ojos. Los pulmones. El cerebro. Cuando esto ocurriera, ya estaría muerto.

Me dio por pensar en un montón de cosas. En el final macabro de *Los hijos de Noah,* el cuento que tanto nos había impresionado a Hugo y a mí. Ahora yo me parecía a su protagonista, en cierta manera. Pensé en mis errores. En los celos. En Xenia. En mi madre. En las cosas que ya no tienen remedio. En las que todavía lo tienen. En lo maravilloso que resulta que las cosas tengan remedio.

De pronto, el tiempo avanzaba muy pero muy despacio.

De pronto, todo había dejado de importar.

Salvo una cosa: sobrevivir.

Cumpleaños

Desperté en una habitación de hospital. Al principio no sabía dónde estaba, ni qué hacía allí, ni qué día era ni qué había pasado. Estaba solo. Sonaban los pitidos de alguna máquina. Imaginé que de algún modo tenían que ver conmigo. Era de noche (estaba oscuro). Me encontraba solo. Tenía encima una sábana blanca. Intenté mover los dedos de los pies. Comprobé que algo se movía en el otro extremo de la cama. Eso significaba que aún tenía dedos y pies y piernas. Era una buena noticia. La última vez que estuve despierto no estaba seguro de poder conservarlos mucho tiempo. Intenté doblar la rodilla derecha. Lo conseguí. Probé con la izquierda. Otro éxito. Me animé. Intenté mover las manos. Primero la izquierda. Pulgar, índice, corazón, anular, meñique. Todo estaba en orden. Lo mismo en el lado derecho. Mover los brazos tampoco parecía difícil, a pesar de que mi cuerpo parecía pesar más que antes. Me llevé el dedo índice a la nariz. La sentí cubierta de costras. Estaban duras, casi secas. Alguna comenzaba a desprenderse. Lo mismo me pasó con las orejas. Su parte superior estaba cubierta de una superficie acartonada, que no dolía. Comprendí que llevaba tiempo allí. El tiempo suficiente para que las heridas cicatrizaran y curaran. Para que las costras se desprendieran. Me toqué la cara. Me sorprendió encontrar mis mejillas cubiertas de pelo. Fue como acariciar un perrito. Nunca me había dejado barba, no tenía ni idea del tiempo que se necesita para que crezca tanto. Días. Semanas. Ni idea.

—Llevas aquí veintidós días —me aclaró la primera enfermera a la que conseguí preguntarle.

Me costaba hablar. Como si hubiera perdido la costumbre.

—En todo este tiempo no has dejado de recibir visitas. De tu jefe, de tu madre, de tu novia, de tus amigos...

—¿Mi novia?

—Xenia. Ha venido casi a diario. Espera a que te vea. Se va a desmayar de la alegría.

Pregunté dónde estaba mi teléfono, pero nadie me supo decir. No había ningún teléfono, me dijeron. No me extrañó: la última vez que supe de mis dos teléfonos fue cuando se los entregué a los esbirros de Isidora Medina. Le pregunté a la enfermera si me podían prestar un móvil. Puso cara de fastidio:

—No, hasta que te vea el doctor. Si él lo autoriza, te presto el mío. Además, son las tres de la madrugada. ¿A quién vas a llamar a estas horas?

Cuando el doctor llegó a la mañana siguiente, yo estaba mucho mejor, pero no me dejó llamar por teléfono. Dijo que quería asegurarse de que estaba bien del todo antes de someterme «a emociones fuertes». Desayuné y me senté (un poco) en la cama. A cada hora que transcurría me sentía mejor. Débil, pero animado. Por la tarde pregunté si podía levantarme. Quería ir al baño. Quería comprobar si era capaz de caminar.

Con ayuda de la enfermera y arrastrando una percha metálica con un gotero que estaba conectado con mi brazo, conseguí ponerme en pie. Las piernas me pesaban y se resistían a obedecerme, pero trastabillando un poco, arrastrando los pies y sujetándome a la enfermera, conseguí alcanzar el cuarto de baño. Me asusté al mirarme al espejo. Tenía cara de esqueleto, con los huesos de las mejillas muy marcados y un par de bolsas azules bajo los ojos. Siempre he sido tirando a canijo, pero ahora daba susto verme. Lo primero que me vino a la cabeza: qué pensaría Xenia si me miraba.

—Eres tú quien no te habías visto —dijo la enfermera—, ella ha venido a verte todos los días. No va a sorprenderse de nada, salvo de encontrarte despierto.

Xenia llegó al atardecer, «a su hora habitual», según me dijeron. Cerré los ojos, fingí dormir. La enfermera me ayudó a darle la sorpresa. La habitación estaba en penumbra. Xenia entró, dejó sus cosas en un rincón y se acercó a darme un beso en la frente.

—¿Cómo estás hoy? —preguntó, y sentí cómo se sentaba a un lado de la cama, con la familiaridad de quien está acostumbrada a hacer algo. Hablaba en susurros, con una voz que rezumaba ternura—: Yo hoy traigo buenas noticias. Me han dado la nota del último examen. ¡Un notable! No me lo podía creer, con lo que me costó. Y con lo nerviosa que estaba, ¿te acuerdas? Es decir, que lo he aprobado todo, y que ya soy un poquito más médica que ayer. Necesitaba contártelo, ¿sabes? Llevo fatal que tú no puedas demostrarme que te alegras por mí, aunque sé que lo haces. Ya sabes que estoy convencida de que puedes oírme, aunque tengas los ojos cerrados y aunque no digas ni hagas nada. Ya ves..., al final ha valido la pena tanto estudiar con mi primo, el que está en tercero, ¿te acuerdas? Te lo conté el otro día. Descubrí que era uno de los que impartían clases particulares. Fue una sorpresa, porque hacía mucho que no le veía. Él y yo nos llevamos muy bien, de hecho yo le quiero mucho, aunque nuestras familias no se tragan. En fin, esas cosas complicadas de las familias, que tú sabes muy bien. No pude presentártelo porque mi madre no me dejaba verte y porque después pasó aquello que..., en fin, aquello que no entendí y tú tampoco, pero seguro que ahora que todo va a salir bien podré presentaros pronto. Te va a gustar, aunque es un poco repipi, siempre con la bata blanca y su flequillo rubio perfectamente peinado hacia un lado. Creo que en lugar de gomina usa pegamento, de tan tieso como lo lleva —soltó una risita, hizo una pausa. Estuve a punto de abrir los ojos y besarla, pero ella continuó—: También tengo noticias del sargento Roig, seguro que te alegrarán. Está mejor. Recuperándose poco a poco. Ahora que sabe que va a volver a caminar, está mucho más animado. Las balas le rozaron la columna vertebral, pero no le causaron ningún daño irreversible. Tiene aún para muchas semanas de hospital y de rehabilitación, aunque yo creo que serán menos de las que dicen los médicos. Ya le conoces, está deseando volver al trabajo, y más desde que le han ascendido por desarticular a la nueva facción de los Medina. Por cierto, ¡y esto sí que es una noticia bomba! Me han dicho que también van a ascender a Merche, porque fue ella la que adivinó que Isidora era tan peligrosa e investigó por su cuenta, a pesar de que su jefe no dio credibilidad a su versión. También fue ella la que se dio cuenta de que había un topo en el equipo de Roig, estableció las conexiones entre Lucas, Isidora y el robo de armas, y la que siguió a Lucas hasta el puerto y hasta las barcazas cargadas de droga donde iban los Reyes Magos a su llegada a la ciudad. Se jugó la vida por el éxito de la operación y aunque no sola, porque a última hora contó su teoría a sus superiores y la apoyaron, fue muy valiente. No me extrañaría que con el tiempo tu amiga de la cárcel llegue a ser la jefa de todos los demás. Qué tía tan lista. Bueno —suspiró, hizo otra pausa—, y no sé si me olvido algo. Ah, sí. ¡Lo más importante! Hoy es tu cumpleaños. Veintisiete de enero. ¡Felicidadeeeees! Ojalá pudiéramos celebrarlo de alguna manera. Te echo tanto de menos —sentí que se acercaba a mí, sentí la tibieza de su aliento en mi nariz, sentí sus labios suaves sobre los míos.

Me besó. Despacio. Con cuidado. Como si temiera romperme.

Le devolví el beso. Primero despacio y con cuidado. Luego, no tanto. Ella soltó un chillido diminuto de sorpresa, pero no se apartó. Moví un brazo y la agarré por la cintura. De pronto, me parecía que mis extremidades ya no pesaban tanto. Busqué con la punta de la lengua el sabor de la suya. Sabía a sal. Me extrañó un poco. Solo hasta que descubrí que era el sabor de sus lágrimas. Lágrimas de alegría, claro.

Velocidad

Estamos en una noche radiante de principios de verano. Xenia y yo caminamos agarrados de la mano. Merche empuja la silla de ruedas vacía, Hugo camina a su lado, con un brazo sobre los hombros de ella. Cualquiera que haya conocido a Hugo hace unos meses se preguntará si es el mismo. Creo que si le preguntaran a él, diría que no. Diría que Merche le ha cambiado. Creo que tendría razón. Nada nos cambia tanto como encontrar a la persona adecuada.

Hemos salido los cuatro a celebrar el cumpleaños de Hugo. Dieciocho. Una edad simbólica, es verdad, pero en su caso es mucho más que eso. La edad en que no necesitará el permiso de sus padres para hacer lo que quiera con su vida. La edad en que nadie podrá tomar decisiones por él. La edad de la libertad. En eso consiste todo: todos los seres vivos aspiramos a ser libres.

En estos meses han pasado muchas cosas. Con ayuda de Merche, y también un poco con mi ayuda, Hugo ha ido dando pasos hacia su futuro. Ahora jugamos al *goalball* dos veces a la semana. Los cuatro, porque finalmente Xenia también se apuntó. Nos lo pasamos bien, pero en realidad el único bueno de verdad es Hugo. Acaban de ficharle para el equipo del gimnasio y el entrenador ya le ha dicho que cuenta con él para la próxima temporada. El cambio de Hugo se percibe incluso a simple vista. Está cachas. Es el resultado de las sesiones de musculación y piscina que hace cada semana. También ha comenzado a estudiar piano, y aunque en eso puede que no sea tan bueno, se lo toma bastante en serio. Sus padres le compraron enseguida el mejor piano japonés que pudieron encontrar, y de vez en cuando nos muestra sus progresos en sesiones privadas en su casa.

—Lo más importante es colocar los dedos en su sitio —nos dijo un día—. Por eso hay pianistas buenísimos y muy famosos que son ciegos.

Hugo también ha aprendido a moverse por su casa, a comer con cuchillo y tenedor, a vestirse solo. Lo siguiente será salir a la calle sin ayuda, acompañado de su bastón blanco. Necesita ganar aún un poco de confianza para conseguirlo, pero su entrenadora dice que lo hará pronto, porque tiene mucha fuerza de voluntad. Es decir: a diferencia de lo que él cree, el auténtico testarudo es él. También ha decidido terminar el bachillerato. No en su colegio, sino en un instituto cercano a su casa donde contará con ayuda. Grabaciones de los libros de texto, por ejemplo, para que pueda estudiar escuchando. O exámenes orales. Por suerte, vivimos en un país donde existe una organización que ayuda a las personas invidentes a hacer todas esas cosas, y bastantes más.

En este tiempo también han pasado cosas tristes. Mi madre murió del cáncer que padecía. En realidad, estaba mucho más avanzado de lo que nos había querido confesar. A su entierro solo fuimos seis personas. Luis, mi padre, parecía el más afectado. Era como, si en lugar de morir su mujer, hubiera muerto toda su esperanza. Mi tía también lo sintió mucho. «Demasiadas pérdidas en tan poco tiempo», dijo.

Sería un poco raro decir que echo mucho de menos a mi madre, una persona a la que apenas conocí, que apenas me conocía. Sin embargo, echo de menos saber que está en alguna parte del mundo, aunque no esté a mi lado. Echo de menos pensar que algún día aparecerá y se convertirá en la madre perfecta que siempre quise tener y que ella no supo ser jamás. Una madre que te quiere, que antepone tus intereses a los suyos propios, que se preocupa por ti. En fin, supongo que ella hizo alguna de esas cosas, aunque no sé cuáles ni de qué forma. Y que se pasó la vida pensando en cómo hacer el resto. Da lo mismo, en realidad.

Pero volvamos a la noche tibia de principios de verano. Entramos en un bar, tomamos un par de copas. Hablamos, reímos, compartimos anécdotas de los últimos días. Xenia lo ha aprobado todo, está exultante. La felicidad la hace aún más guapa, más interesante. Tengo ganas de besarla todo el rato. Ella se acerca a mi oído y siento su aliento tibio acariciarme la mejilla cuando dice:

—Mis padres se han ido de fin de semana. ¿Vienes a dormir a mi casa?

Se me dispara el corazón solo de imaginarlo. Ella sonríe. La felicidad hoy parece contagiosa. No solo para nosotros.

A Merche la acaban de ascender. El mismo sargento Roig, que ya vuelve a estar trabajando, tuvo palabras muy elogiosas hacia ella. A mí, con tanto lío, me han quedado un par de asignaturas para septiembre, pero estoy seguro de que las aprobaré. Mi sueño de ser universitario está cada vez más cerca. El de ser escritor comienza a cumplirse. Hace apenas unos meses, ninguno de nosotros podíamos sospechar que tendríamos tanto que celebrar.

Se hace tarde. Decidimos ir hasta la orilla. Echamos a andar por el paseo marítimo. Los locales nocturnos están muy concurridos a esta hora. A pesar de que nos alejamos, nos acompañan el retumbar de la música y las voces animadas de la gente. A lo lejos me parece ver a los antiguos compañeros de Hugo. A Toni, a Valentina, al pelirrojo amaestrado... No digo nada. No queremos nada con ellos. No tienen sitio en nuestras vidas.

De pronto Hugo le dice a Merche:

—Móntate en la silla.

Merche protesta, se niega, se ríe. Remolonea, aunque en realidad no le importa hacerlo. Por eso lo hace. Se sienta.

Hugo se agarra a las manillas de su propia silla de ruedas. Ríe, no puede parar de reír.

—Preparada, lista... —Hugo echa a correr—, ¡ya!

Merche suelta un chillido.

—¡Loco! ¿Qué haces? ¡Para! ¡Nos vamos a matar!

Pero Hugo no para. Corre y corre. El paseo marítimo es muy ancho y él lo sabe. No puede verlo con los ojos, pero sí con la memoria. Antes del accidente venía aquí todas las semanas. No lo dice, pero estaba deseando volver para divertirse.

Los transeúntes del paseo se apartan, asustados, cuando los ven venir a toda velocidad. Merche le guía, sin dejar de reír:

—A la derecha, un poco a la izquierda, cuidado, ¡un bache! ¡No corras tanto!

Pero Hugo corre. Tiene toda la energía del mundo. Y esta noche se siente un superhéroe.

Xenia y yo los miramos, admirados, sorprendidos. Felices por ellos. Están lejos, en la otra punta del paseo, pero siguen riendo.

—Son la pareja perfecta —digo.

Y Xenia me agarra de la mano y contesta:

—¿Vamos?

Echamos a andar en dirección al metro. Al pasar frente a la puerta del bar, nos parece ver a Valentina con un vaso en la mano, mirando a Hugo y Merche con la boca abierta.

Uf

(escena final)

Os conozco. Sé lo que estáis pensando en este momento. Queréis saber qué pasó en casa de Xenia aquella noche. ¿Que cómo lo sé? Porque yo también querría saberlo si estuviera en vuestro lugar. Os lo voy a contar, no os preocupéis.

Pusimos una peli. No teníamos hambre. Hacía mucho calor. Xenia trajo un par de latas de refrescos. Nos sentamos a fingir que veíamos la película, aunque yo no me enteré de nada. Ni siquiera hubiera sabido decir quién era la protagonista. Tenía la cabeza en otra parte todo el rato. Miraba a Xenia por el rabillo del ojo para ver qué hacía. Ella apoyó las piernas en la mesita, se terminó el refresco, me agarró la mano, sonrió. Lanzó una pregunta incómoda:

—¿Estás nervioso?

Le mentí. Dije:

—Un poco.

En realidad, la respuesta correcta habría sido: «Muchísimo. Infinito. Nunca he estado más nervioso». Pero no quería asustarla, ni que pensara que soy tonto. O un cobarde. Bueno, en realidad creo que un poco cobarde (para ciertas cosas) sí soy. Todo el rato pensaba: «Tengo que hacer algo. Tengo que hacer algo». Pero había muchas preguntas secundarias: «¿Qué?», «¿Cuándo?», «¿Cómo?». Y también: «¿Y si no quiere?», «¿Y si no le gusta?», «¿Y si soy torpe?», «¿Y si soy más que torpe? ¿Y si soy patético?».

Entonces yo también formulé una pregunta:

—¿Tú eres de las que prefieren empezar o que empiece el otro?

Xenia soltó una carcajada.

—¿De qué hablas? ¿De algún videojuego? ¿Del parchís?

—Uf —solté—. No me tomes el pelo, por favor. Creo que lo estoy haciendo fatal. Vas a pensar que soy burro. O que no me gustas.

Entonces ella se acercó, sin dejar de sonreír, y susurró junto a mi oído:

—No lo estás haciendo fatal. Para mí también es la primera vez.

—¿Y por qué no se te nota?

—Porque soy una chica. Y mejor actriz que tú —volvió a sonreír.

¿Pensáis que aquella frase me tranquilizó? ¡Todo lo contrario! Sentir a Xenia cerca. Su aliento en mi mejilla. Su voz. Su olor. Su mano en mi pierna. Sus piernas desnudas. Me latía el corazón tan fuerte que pensé que hasta los vecinos de arriba podrían oírlo.

De pronto me lancé sobre Xenia y la besé. Fue raro. Como si no lo hubiera decidido yo. O, mejor, como si no lo hubiera decidido de la misma forma en que suelo tomar las decisiones importantes. Sencillamente, lo hice. Tenía que hacerlo. Sentí un calor muy grande en las mejillas, por todo el cuerpo. Y como un impulso. Busqué el sabor de Xenia, el tacto de Xenia, el olor de Xenia. Los sentidos eran lo más importante en ese momento, y al mismo tiempo parecía que no eran suficiente. De pronto ella se quitó los pantalones. Yo hice lo mismo con la camiseta. Era como si la temperatura hubiera subido cuarenta grados de golpe. Me hice un lío y tardé un buen rato en desabrocharme el pantalón. Cuando por fin lo conseguí, ella preguntó:

—¿Llevas algo?

—¿Algo? —pregunté yo, como si estuviera hablando en otro idioma. Por suerte, caí—: ¡Ah, sí! ¡Algo! ¡Un preservativo! ¡Claro!

Busqué en mi cartera, en el bolsillo posterior del pantalón, el pequeño compartimento donde había guardado el preservativo que nos habían regalado en el instituto, después de una charla sobre educación sexual. Mi corazón tuvo otro susto: ¿y si lo había tirado? Sería lo más normal: cuando me lo dieron, pensé que nunca iba a estrenarlo, que mejor se lo regalaba a otra persona. No lo encontré a la primera, ni a la segunda. Xenia dejó de sonreír.

—¡Aquí está! —dije de pronto, mostrando un envoltorio de color verde metalizado.

Estaba un poco arrugado. Tal vez por eso Xenia preguntó:

—Espero que no esté caducado. ¿Cuánto hace que lo tienes?

Mierda, no me acordaba de que estas cosas tienen fecha de caducidad. No quise contarle a Xenia lo de la clase de educación sexual. Me apresuré a buscar la fecha, que debía de estar por algún lado de aquel papel brillante. «Con la mala suerte que tengo, seguro que estará caducado, seguro, segurísimo», me decía, mientras buscaba. ¿Dónde lo ponía? ¿Cómo podía ser que no se viera con claridad una cosa tan importante...?

Xenia me quitó el pequeño envoltorio de las manos y se lo acercó a los ojos. Le dio un par de vueltas, hasta que dijo:

—¡Aquí está! —leyó, atenta—. ¡No me lo puedo creer! ¡Es hoy! ¡Esta cosa caduca hoy! ¿No te parece impresionante?

Me pareció una señal. Algo emocionante. Durante todo este tiempo había llevado escrita la fecha más importante de mi vida en el bolsillo trasero de mis pantalones. ¡No me lo podía creer!

Me alegré de que alguien me hubiera dado una charla sobre educación sexual. No os voy a contar todos los detalles, pero me resultó muy útil. Es un momento en que se te olvida todo, pero en que va bien saber algo. No sé si me explico. Luego, mi cerebro se bloqueó y solo pude pensar en Xenia. En estar más cerca de ella de lo que había estado jamás. En demostrarle que la quería más que a nada en el mundo. En creerme lo que estaba ocurriendo. En intentar que fuera especial, algo que valga la pena recordar dentro de cincuenta años.

Fue increíble. Podría utilizar más palabras, pero en realidad no. Hay palabras que todavía no se han inventado. Nunca antes me había dado cuenta.

Luego, nos quedamos dormidos en el sofá. La película aún no había terminado, pero daba igual.

Otra vez sé lo que estáis pensando: os gustaría saber más. Los detalles. Los gestos. Todo minuciosamente detallado para que podáis imaginar la escena a la perfección. Pero ocurre que la escena no me pertenece solo a mí, sino también a ella, a Xenia, la persona que más me importa del mundo. De modo que voy a acabar aquí, en este instante de felicidad e intensidad absolutas.

Para que luego os quejéis de que las historias no terminan bien.

NOTA DE LA AUTORA

Gracias.

A la gente de la ONCE, generosa como casi nadie, por hablarme de su gran labor. A Inmaculada González, a Josep Pitarch, a Kike Calvo y a Irene Ginebra. Escribo unos pocos nombres, pero, en realidad, pienso en todos los que hacéis posible que milagros como los de Hugo puedan ocurrir.

Al cocinero Ángel Palacios, capaz no solo de cocinar siendo invidente, sino de transmitir el entusiasmo por la cocina y por la superación a personas que han perdido la visión.

A Ángeles y Deni, compañeros y cómplices de vida, por ser quienes entienden que en realidad nada es ficción nunca. A Coral Andrés, la lectora perfecta. Y a Adrián, el más duro de mis jueces (y por eso el más útil) y, junto con Elia y Álex, la inspiración de tantas, tantísimas cosas. Sin vosotros mis novelas serían otras y yo también.

A mi editora, Reina Duarte, con quien he compartido mis mejores mentiras y mis peo-

res verdades; por su ayuda, su buen hacer, su generosidad y su amistad.

Por último, a vosotros, lectores y lectoras. Gracias por vuestro entusiasmo, vuestra emoción, vuestro interés por todo lo que estos personajes tenían que dar. Sin vosotros, lectores y lectoras, esta trilogía formada por los libros MENTIRA, VERDAD *y* MIEDO, *habría sido muy diferente (o puede que no hubiera sido en absoluto). Y si este cierre os ha gustado, debéis saber que es gracias a vuestros comentarios.*

Siempre persigo la emoción en lo que escribo. Para mí, emocionar es el verbo clave. El único verbo clave en el oficio —y el arte— de contar historias. No puede haber nada si no hay emoción. Pero si hay emoción podemos avanzar algunos pasos más: hacia la reflexión, hacia la identificación con lo narrado y con sus actores, hacia ese proceso mágico en que lo leído se confunde con la propia experiencia, la completa y la enriquece. Leemos para ser felices, porque todos nosotros nos aburrimos alguna vez de vivir nuestras propias vidas. En ese sentido, los lectores somos gente afortunada, privilegiada: somos más felices que otros porque vivimos más vidas que otros. Las vidas que de ninguna manera podríamos vivir fuera de los libros.

Sentir que la emoción que planeaste transmitir con tu historia ha traspasado las páginas es un auténtico privilegio. Yo he podido sentir más que nunca ese privilegio con estas tres novelas. Ojalá que la emoción os lleve muy lejos, lectores, lectoras. Allí, en la distancia, os estaré esperando.

COLECCIÓN PERISCOPIO

1. César Mallorquí, *Las Lágrimas de Shiva*
2. Andreu Martín, *La magia y el milagro*
3. Javier Negrete, *Memoria de dragón*
4. Fernando Lalana, *Tú, sucia rata*
5. Pau Joan Hernàndez, *La Tripulación del Pánico*
6. Cristina Macía, *Una casa con encanto*
7. Andreu Martín, *Ideas de bombero*
8. Elia Barceló, *La roca de Is*
9. César Mallorquí, *La puerta de Agartha*
10. Andreu Martín, *Los dueños del paraíso*
11. José Mª Plaza, *No es un crimen enamorarse*
12. César Mallorquí, *Las fabulosas aventuras del Profesor Furia y Mr. Cristal*
13. Gisela Pou, *La joven de medianoche*
14. Care Santos, *50 cosas sobre mí*
15. Paloma Bordons, *Malas compañías*
16. Blanca Álvarez, *Tres besos*
17. Jordi Sierra i Fabra, *Donde el viento da la vuelta*
18. Gabriel García de Oro, *Un ataque de RISA*
19. Laura Gallego, *La hija de la noche*